gRAMÁTICA
de español lengua extranjera

- ## Normas
- ## Recursos para la Comunicación

A. González Hermoso
J. R. Cuenot
M. Sánchez Alfaro

edelsa
GRUPO DIDASCALIA, S.A.
Plaza Ciudad de Salta, 3 - 28043 MADRID - (ESPAÑA)
TEL.: (34) 914.165.511 - FAX: (34) 914.165.411

Primera edición: 1994
Segunda edición: 1995
Tercera edición: 1995
Primera reimpresión: 1996
Segunda reimpresión: 1997
Tercera reimpresión: 1997
Cuarta reimpresión: 1998

Cubierta, maquetación,
fotocomposición y fotomecánica:
Departamento de Imagen EDELSA.
Ilustraciones: Manuel Prados de la Plaza.
Filmación: Alef de Bronce.
Imprenta: Talleres gráficos Peñalara.

I.S.B.N.: 84 - 7711 - 072 - 7
Depósito legal: M - 22111 - 1998
Impreso en España.

Durante el aprendizaje del español como lengua extranjera, los alumnos siguen manuales que les van presentando puntos gramaticales y estructuras comunicativas de manera dispersa. Por eso es necesario disponer de un material que los recoja y organice de un modo sistemático para su estudio inicial, su puesta al día o su profundización. Éste es el papel que quiere jugar el presente **CURSO PRÁCTICO**, que está formado por:

    A. Una Gramática.
    B. Tres cuadernos de ejercicios.

    A_ **UNA GRAMÁTICA** • Su objetivo es posibilitar la correcta expresión en español, con los dobles pilares de la exactitud teórica de la norma y la elección adecuada de los actos de habla.

    1ª parte:
    NORMAS • Una **Gramática general** explica y presenta las reglas de funcionamiento de la lengua española.

    Clara, porque evita la terminología compleja y la teorización excesiva y porque presenta lo fundamental de un modo conciso y sencillo.

    Práctica, porque hace resaltar cuando es preciso los puntos esenciales al principio de capítulos y apartados y los desarrolla en su interior de manera detallada. De este modo se atienden las expectativas de los alumnos, cualquiera que sea su nivel de competencia lingüística. Numerosas muestras extraídas del habla cotidiana ejemplifican las normas gramaticales.

    Lo más completa posible y con el acento puesto en las dificultades concretas que encuentra el estudiante en el aprendizaje del idioma, insistiendo por ello en cuestiones como el contraste indicativo/subjuntivo, *ser* y *estar*, *por* y *para*, la apócope, etc.

    2ª parte:
    RECURSOS PARA LA COMUNICACIÓN • Una amplia selección de diferentes modos de expresión, que atienden a nociones tan diversas como la identificación o la localización espacial o temporal, y a aspectos tan importantes del discurso como puedan serlo el uso del estilo indirecto o la expresión de la causa.

• Tanto **Normas** como **Recursos para la Comunicación** se cierran con unos capítulos a los que, parodiando el proverbial ABC, expresión de lo básico en español, se ha llamado de modo familiar y ambicioso **el AB...Z de la Gramática y el AB...Z de la Comunicación**. Son, respectivamente, un resumen de aspectos gramaticales característicos y un apéndice de lenguaje coloquial.

B. *TRES CUADERNOS DE EJERCICIOS* • Esta **GRAMÁTICA** para aprender y comunicar tiene continuidad práctica en **tres cuadernos de ejercicios gramaticales y de comunicación, graduados en tres niveles: principiante, intermedio y avanzado.** Cuando la consulta a las páginas de la **GRAMÁTICA** ha resuelto una duda, ha ayudado a aprender una nueva norma o un acto de comunicación, la práctica sobre los ejercicios confirmará el aprendizaje y la destreza adquirida.

Cada nivel de ejercicios recorre todos los capítulos de la **GRAMÁTICA** insistiendo en los puntos más destacables. Al acabar cada uno de los apartados en que se subdivide la parte de **Normas** y al final de **Recursos para la Comunicación** se indica la localización de los ejercicios en los diferentes niveles.

Los ejercicios se acompañan de clave.

• Nuestro deseo es que el **CURSO PRÁCTICO** constituya una obra de referencia para los estudiantes de español como lengua extranjera, tanto para los que comienzan cuanto para los que perseveran y los que siguen profundizando.

Más aún, esperamos que elimine las barreras que hacen de la Gramática tantas veces un obstáculo insuperable y que logre despertar, por su fácil manejo y la rápida progresión que permite, el entusiasmo que provoca el aprender.

Los autores.

s
u
m
a
r
i
o

CURSO PRÁCTICO: GRAMÁTICA
RECURSOS COMUNICACIÓN

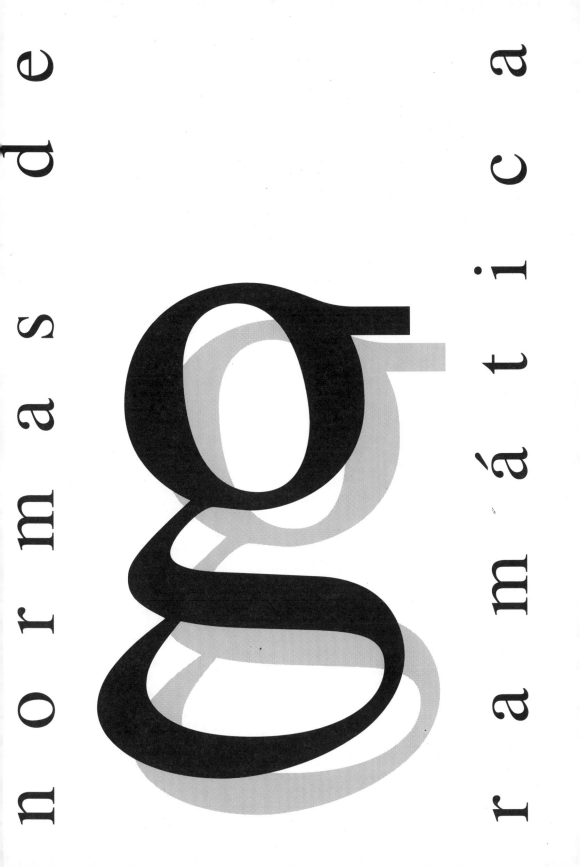

normas de

gramática

I

Escritura y ortografía

*E*l alfabeto o abecedario

El alfabeto o abecedario español consta de las siguientes letras:

A	a	**J**	jota	**R**	erre
B	b	**K**	ka	**S**	ese
C	c	**L**	ele	**T**	te
CH	che	**LL**	elle	**U**	u
D	de	**M**	eme	**V**	uve
E	e	**N**	ene	**W**	uve doble
F	efe	**Ñ**	eñe	**X**	equis
G	ge	**O**	o	**Y**	i griega
H	hache	**P**	pe	**Z**	zeta
I	i	**Q**	cu		

Observaciones:

• El nombre de las letras del alfabeto es femenino. Se dice: *la a, la b*, etc.
• La **W** se usa sólo con palabras de origen extranjero.
• Las letras específicas del español son: **CH, LL, Ñ**.
Desde 1994, la **CH** y la **LL** no se clasifican en el diccionario con entradas independientes. Van colocadas en la **C** y la **L** en el orden alfabético correspondiente.
La **Ñ** tiene entrada como letra independiente después de la **N**.
• La **Q** siempre va seguida de una **U** que no se pronuncia.
• Las consonantes no se doblan, salvo **C, N, R**:

*ac*c*ión, i*nn*umerable, co*rr*eos.*

■ *División de las palabras*

• Para partir una palabra al final de una línea no se deben separar las letras **CH, LL, RR**:

mu - cho   si - lla   tie - rra.

• Una consonante entre dos vocales se agrupa con la segunda vocal:

di - vi - sa.

• Si hay dos consonantes juntas entre dos vocales, la primera consonante se agrupa con la vocal anterior y la segunda con la vocal siguiente, pero los grupos cuyo segundo elemento sea **l** o **r** no se separan:

in - mo - ral   pre - fe - ri - ble.

• No se separan los grupos de vocales y consonantes que forman una sílaba:

po - dréis.

•No se separan, por tanto, los grupos de vocales que forman diptongo o triptongo:

rei - na   *U - ru - guay.*

•En un grupo de tres consonantes las dos primeras se unen con la vocal precedente y la tercera con la vocal siguiente:

trans - cu - rrir.

2 Signos ortográficos

,	la coma		•	el punto
;	el punto y coma		" "	las comillas
:	los dos puntos		...	los puntos suspensivos
( )	el paréntesis		ü	la diéresis
[ ]	los corchetes		–	la raya, el guión largo o corto
¿ ?	la interrogación		¡ !	la admiración

Observaciones:

•**Los signos de interrogación y de admiración** se ponen al principio y al final de las frases interrogativas y admirativas:

¡Hola!, ¿qué tal estás?

•**La diéresis** son dos puntos que se colocan sobre la **U** cuando ha de pronunciarse esta letra en los grupos **güe** y **güi**:

vergüenza, pingüino.

•Para separar frases se habla de **_punto y seguido_**. Para separar párrafos, **_punto y aparte_**. Para indicar el final del texto, **_punto final_**.

3 *R*eglas de acentuación

■ *Definiciones*

■ **Acento de la voz y acento ortográfico**

• En todas las palabras de más de una sílaba se carga la intensidad de la voz sobre una de las sílabas; es el *acento de la voz* o *acento tónico*:

*a**gua**, peris**co**pio, tal**a**dro.*

• El acento tónico va a menudo acompañado del *acento ortográfico, acento escrito* o *tilde*:

*El tren de C**á**diz sali**ó** ya.*

■ **Diptongo**

• Clasificación de las vocales:

Vocales fuertes: A, E, O.
Vocales débiles: I, U.

• El diptongo es la unión de dos vocales que forman una sola sílaba:

- una fuerte y una débil: *a**i**re, pe**i**ne, **au**la*
- una débil y una fuerte: *hac**ie**ndo, nov**io***
- dos débiles: *c**iu**dad, c**ui**dado.*

• En español son posibles catorce diptongos:

ai: **ai**re	**ie**: t**ie**ne
au: **au**la	**io**: coleg**io**
ei: p**ei**ne	**ua**: ag**ua**
eu: **Eu**ropa	**ue**: aerop**ue**rto
oi: b**oi**na	**uo**: c**uo**ta
ou[(1)]: Masn**ou**	**iu**: c**iu**dad
ia: histor**ia**	**ui**: c**ui**dado.

(1) No se encuentra más que en topónimos gallegos o catalanes.

Observación:

La unión de dos vocales fuertes forma dos sílabas diferentes:

aéreo = a / é / re / o.

■ **Triptongo**

Es la unión de tres vocales (una fuerte tónica entre dos débiles pronunciadas en una sola sílaba):

*b**uey**, Parag**uay**.*

■ *Acento ortográfico (reglas)*

■ Primera regla: acento de diferenciación o gramatical

Llevan acento ortográfico algunas palabras (en particular monosílabas) para distinguirse de otras de diferente significado pero de idéntica ortografía:

aun	(= incluso)	**aún**	(= todavía)
de	(preposición)	**dé**	(del verbo *dar*)
el	(artículo)	**él**	(pron. personal sujeto)
este, ese, aquel	(adj. demostrativos)	**éste, ése, aquél**[1]	(pron. demostrativos)
mas	(= pero)	**más**	(adverbio)
mi	(adjetivo posesivo)	**mí**	(pron. pers. compl.)
se	(pron. pers. compl.)	**sé**	(de los verbos *saber* y *ser*)
si	(conjunción)	**sí**	(adv. y pron. pers. compl.)
solo	(adjetivo)	**sólo**	(= solamente)
te	(pron. pers. compl.)	**té**	(sustantivo)
tu	(adjetivo posesivo)	**tú**	(pron. personal sujeto)

(1) masc. y fem.; sing. y plural.

Llevan acento de igual modo todos los pronombres y palabras interrogativas y exclamativas:

> **¿cómo?, ¿cuál?, ¿cuándo?, ¿cuánto?, ¿dónde?, ¿para qué?, ¿por qué?, ¿qué?, ¿quién?, ¡qué!, ¡quién!, ¡cuánto!,** etc.

■ Segunda regla: acento sobre la vocal débil de los diptongos

En un diptongo, si la vocal débil lleva acento tónico, entonces se destruye el diptongo y se pone precisamente un acento ortográfico sobre esta vocal débil:

> *frío, reúne, actúa, había.*

■ Tercera regla

Normalmente,

- las palabras terminadas en **vocal**, en **N** y en **S** llevan el acento tónico en la penúltima sílaba y se llaman palabras **llanas** o **graves**:

> *her**ma**no, can**ta**ban, se**ño**res*

- y las palabras terminadas en **consonante excepto N** y **S** llevan el acento tónico en la última sílaba y se llaman palabras **agudas**:

> *pa**pel**, pa**red**, escri**bir**, direc**triz**.*

Y, de no ser así, llevan un acento escrito (tilde) en la sílaba donde se encuentra el acento tónico:

> *mon**tón**, ca**fé**, ma**má**, su**bís**, incli**nó***

(las **agudas** acabadas en **vocal, n** o **s** llevan tilde).

ángel, lápiz, inútil, carácter

(las **llanas** acabadas en consonante que no sea **n** o **s** llevan tilde).

Observaciones:

•Todas las palabras que llevan el acento tónico en la antepenúltima sílaba llevan tilde en esta sílaba y se llaman palabras **esdrújulas**:

sílaba, ánimo, árboles, paréntesis.

•Todas las palabras que llevan el acento tónico en la cuarta sílaba llevan tilde en esta sílaba y se llaman **sobresdrújulas**:

díganoslo, quítaselas.

•Los monosílabos no llevan acento ortográfico a no ser que sea preciso distinguir dos homónimos (*véase* Primera regla, *pág. 18*):

fue, fui, pie, di, dio.

• Aunque las palabras compuestas no guardan la tilde de su primer elemento:

décimo + séptimo = decimoséptimo,

en los adverbios en -mente sí la mantienen: *cálidamente.*

GRAMÁTICA
Capítulos **Normas**

Referencias
Ejercicios gramaticales

I. ESCRITURA Y
ORTOGRAFÍA.

	NIVEL 1 págs.	NIVEL 2 págs.	NIVEL 3 págs.
1. El alfabeto o abecedario.	7-8	7-8	7-9
2. Signos ortográficos.	7-8	7-8	7-9
3. Reglas de acentuación.	7-8	7-8	7-9

Ejercicios Curso Práctico

II

Grupo nominal
y pronombres

4

*E*l artículo

1   DETERMINADO

	Singular		Plural	
Masculino	**el**	*el libro*	**los**	*los libros*
Femenino	**la**	*la mesa*	**las**	*las mesas*
Neutro	**lo**	*lo importante*		

Contracciones del artículo determinado:

de+el = del   *El libro del profesor está aquí.*

a+el = al   *Los chicos van al colegio.*

2   INDETERMINADO

	Singular		Plural	
Masculino	**un**	*un libro*	***unos**	*unos libros*
Femenino	**una**	*una mesa*	***unas**	*unas mesas*
			***Poco utilizados**	

4 El artículo

1 EL ARTÍCULO DETERMINADO

■ *Usos particulares*

■ El apellido

•El artículo determinado va siempre delante del apellido introducido por: señor(es), señora(s), señorita(s):

> *La señora García no está.*

Excepto cuando hablamos directamente con la persona:

> *Encantado, señora García.*

•**Los + apellido** permite la omisión de *señores*:

> *Es un amigo de los Martínez.*

■ La edad

•El artículo determinado plural va detrás de la preposición cuando se habla de la edad a la que una persona ha realizado una acción:

> *Don Alfredo se casó a los sesenta años.*

•**Los + numeral** permite la omisión de *años* y expresa la década de la que se habla:

> *Laura no llega a los treinta.*

Pero: *Sonia tiene veinte años.*

■ Los días de la semana

•El artículo determinado singular señala un día determinado:

> *Iremos al cine el sábado.*

•El artículo plural señala una periodicidad:

> *No me gustan los domingos.*

Pero: *Mañana es jueves, ayer fue martes.*

■ La hora

> *Es la una.*
> *Son las diez.*

Pero: *Tengo un horario de trabajo de cinco a siete.*

■ **El porcentaje**

> *El veinte por ciento de la población votó por él.*

■ **Formas sustantivadas**

•**El, la, los, las + adjetivo:**

> *Es la mejor del equipo.*
> *El pobre y el rico comen el mismo pan.*

•**El + verbo en infinitivo** permite formar sustantivos que corresponden precisamente a la acción definida por el verbo y equivale a *el hecho de + infinitivo*:

> *El comer mucho engorda (el hecho de comer).*

•**El que + verbo en forma personal** permite crear una forma sustantivada que también corresponde a la acción definida por el verbo y equivale a *el hecho de que + verbo en forma personal*:

> *El que viajes tanto me preocupa (el hecho de que).*

■ **Valor demostrativo o posesivo**

•**El que, la que, los que, las que, lo que**

Cuando precede al relativo, el artículo adquiere un valor demostrativo:

> *Esta revista es la que compré ayer.*

•**El de, la de, los de, las de, lo de**

Constituye una forma pronominal con valor posesivo que permite no repetir el sustantivo omitido:

> *Este libro es el de Rafa.*

•Con partes del cuerpo o prendas de vestir el artículo adopta un sentido posesivo y evita la redundancia entre el pronombre y el adjetivo posesivo al que sustituye:

¿Le has visto la cara?	*Pero no: ¿Le has visto su cara?*
Me he cortado el pelo.	*Pero no: Me he cortado mi pelo.*
Ponte la falda.	*Pero no: Ponte tu falda.*

■ *Omisión del artículo determinado*

■ **Con nombres propios**

•De persona no seguidos de complemento: *

> *Ha venido Ana.*
> *Alejandra es mejor cocinera que Víctor.*

• De ciudad, provincia o región no seguidos de complemento: *

    Cáceres, Valladolid, Andalucía, Galicia.

Principales excepciones: *la Mancha, la Alcarria, la Rioja, la Coruña, las Palmas,* etc.

• De países no seguidos de complemento: *

    Francia, Alemania, Italia, España.

Son excepción los países cuyo nombre lleva artículo: *El Salvador.*
Con algunos países se añade u omite indistintamente el artículo: *(la) India, (el) Japón, (los) Estados Unidos, (la) China,* etc.

* Si el nombre se individualiza o se destaca con un complemento, debe utilizarse el artículo:
    la *Francia de Napoleón*
    la *Andalucía del Guadalquivir*
    la *Sevilla de la Expo*
    el *Don Juan de Tirso.*

■ La palabra CASA

Es muy corriente la omisión del artículo determinado delante de la palabra **casa** cuando nos referimos, no al edificio concreto, sino al espacio donde uno vive:

    Voy a casa de Juan.
    Estaré en casa toda la tarde.

Pero: *Es **la** casa de Isabel.*
    *Construyen **la** casa de Javier.*

■ Las palabras CLASE y MISA

Es corriente la omisión del artículo determinado delante de las palabras **clase** y **misa**, generalmente empleadas con un verbo de movimiento:

    Vengo de clase.
    Iremos a misa el domingo.

Y también: *Hay clase.*   *Estoy en clase de inglés.*
            Hay misa.   *Está en misa.*

Pero si van acompañadas de un complemento es corriente el empleo del artículo:

    *Vengo de **la** clase de inglés.*
    *Voy a **la** misa del gallo.*

■ Sentido más general

La omisión del artículo puede indicar un sentido más general e indeterminado:

Quiero pan y queso.

Pero: *Quiero **el** queso de ayer.*

Estudia arte.

Pero: *Estudia **el** arte del siglo diecinueve.*

■ *Empleo de EL en lugar de LA*

Delante de un nombre femenino singular que empieza por **a** o **ha** acentuada:

> ***el** agua fría*
> ***el** hada madrina*
> ***el** águila real.*

Principales excepciones son las letras del alfabeto:

> ***la** a acentuada*
> ***la** hache muda.*

■ *La contracción del artículo no se produce*

Esto sucede cuando el artículo forma parte de un nombre propio, como en denominaciones geográficas, motes, apellidos o títulos de obras:

> *Voy **a El** Ferrol.*
> *Lo descubrí en un artículo **de El** País.*
> *El segundo toro **de El** Cordobés fue magnífico.*

■ *El artículo neutro LO*

No va nunca con nombres pero da valor de nombre a los elementos que acompaña.

■ **Lo + adjetivo o participio**

• Convierte el adjetivo en un nombre más abstracto y el adjetivo adopta la forma masculino singular:

> ***Lo** difícil era expresarse libremente (la dificultad).*
> *Abandonaron **lo** proyectado (el proyecto).*
> ***Lo** bueno que es vivir.*

pero si el adjetivo cobra un valor intensivo o enfático puede adoptar otras formas:

> ***Lo** buena que es la vida.*
> ***Lo** malos / as que somos.*

• Permite designar una parte de un todo:

> ***lo** alto de la torre (la parte alta de la torre).*

•Permite designar una serie de cosas que poseen unas mismas cualidades:

> Me gusta **lo** azul *(las cosas azules)*.

•Permite insistir sobre una cualidad:

> **lo** dramático de la situación *(la intensidad dramática de la situación)*.

■ **Lo + adjetivo (o adverbio) + que**

Da más intensidad al adjetivo:

> Hay que ver **lo guapa que** es María.
> Me sorprende **lo bien que** se come en este restaurante.

■ **Lo que**

Introduce un valor demostrativo y equivale al demostrativo neutro:

> No puedo admitir **lo que** haces.

■ **Lo de + artículo / posesivo + nombre**

Significa *el asunto de*:

> He solucionado **lo del** colegio.

■ **Lo de + infinitivo**

Significa *el hecho de*:

> **Lo de** salir todas las noches no me parece bien.

2 EL ARTÍCULO INDETERMINADO

El artículo indeterminado **un** puede considerarse forma apocopada del adjetivo numeral *uno* y señala un elemento dentro de un grupo. En plural actúa como adjetivo cuantitativo. Para indicar un aspecto más indeterminado es frecuente su omisión, sobre todo en plural.

■ *El artículo indeterminado singular*

■ **Omisión casi general**

•Ante las palabras *distinto, doble, igual, medio, otro, semejante, tamaño, tan, tanto*:

> Ése es otro problema.
> Cada mañana tomaba medio litro de leche.
> No imaginaba semejante tontería.

•Ante la palabra *cierto*:   Me habló de cierto proyecto que tenía.

Pero la lengua actual emplea el artículo cuando significa *particular* o *especial*:

> *Trabajaba con **un** cierto entusiasmo que no le conocía.*
> *Añadió al brebaje **un** cierto producto.*

• Ante la palabra *tal*:

> *Nunca había vivido tal aventura.*

Pero se mantiene el artículo indeterminado si va seguido de un nombre de persona:

> *Me lo vendió **un** tal González.*

• Ante complementos de modo:

> *Cantaban con (**una**) voz grave.*

• Ante expresiones comparativas:

> *Exigimos mejor comida.*

• Ante nombres empleados en sentido general:

> *Tener niñera ahora no se lleva.*

Pero obsérvese la diferencia con: *Tenemos **una** niñera muy eficaz.*

El artículo indeterminado plural

Frecuente omisión

Su omisión marca un aspecto más general e indeterminado:

> *Hemos visto elefantes, jirafas, tigres y leones.*
> *Cambiaba dólares por pesetas.*

Carácter particular de su empleo

• Equivale a *algunos / as*:

> *Te enseñaré **unas** fotos del viaje (te enseñaré algunas fotos).*
> *Tengo **unos** platos nuevos.*

• Expresa aproximación:

> *Somos **unos** veinte.*
> *Estamos a **unos** treinta kilómetros de la ciudad.*

• Reduce a un grupo determinable:

> *Aquí hay trabajadores muy responsables* (grupo indeterminado).
> *Aquí hay **unos** trabajadores muy responsables* (grupo determinado).

5 *E*l nombre o sustantivo

El nombre es variable en género y número.

1 EL GÉNERO DE LOS NOMBRES

Masculinos	Femeninos
Son generalmente masculinos **- los nombres terminados en -o:** *el libro, el hijo, el puerto.* **- los nombres terminados en -or:** *el amor, el calor, el color.*	**Son generalmente femeninos** **- los nombres terminados en -a:** *la mesa, la niña, la casa.*

2 FORMACIÓN DEL FEMENINO

Los nombres terminados en -o la cambian por -a:

el abuelo, la abuela.

Los nombres terminados en consonante añaden -a:

el profesor, la profesora.

3 FORMACIÓN DEL PLURAL

Los nombres terminados en vocal añaden -s:

el libro, los libros.

Los nombres terminados en consonante o y añaden -es:

la pared, las paredes
el rey, los reyes.

Los nombres terminados en -z la cambian por -ces:

el pez, los peces.

Estas reglas son generales, véanse las diferentes excepciones en el interior del capítulo.

*E*l nombre o sustantivo

1 EL GÉNERO DE LOS NOMBRES

Dado el número de excepciones, hay que intentar retener el nombre precedido del artículo correspondiente.

■ *Masculino*

■ Son generalmente masculinos

- Los nombres terminados en **-o**:

    el pelo, el zapato, etc.

- Los nombres de ríos, lagos, mares, océanos:

    el Sena, el Támesis, el Titicaca,
    el Mediterráneo, el Pacífico, etc.

- Los nombres que terminan en **-aje, -an**:

    el coraje, el pan, el plan, etc.

- Los nombres terminados en **-or**:

    el color, el calor, el amor, etc.

Excepciones: *la flor, la coliflor, la labor, la sor.*

■ Son masculinos aunque terminen en -a

- Los nombres que corresponden a una persona de sexo masculino:

    el cura, el pirata, el poeta, etc.

- Los nombres cuyo origen viene del griego y terminan en **-ma**:

    el problema, el diploma, el crucigrama, el tema,
    el telegrama, el fantasma, el reuma, el clima,
    el sistema, el programa, el idioma, etc.

- Los nombres de colores:

    el (color) malva, el naranja, el rosa, etc.

- Ciertos nombres como: *el día, el mapa, el planeta,* etc.

■ *Femenino*

■ Son generalmente femeninos

Los nombres que terminan en **-a**:

> *la agricultura, la mesa,* etc.

■ Son femeninos

Los nombres que terminan en **-d, -z, -ción, -sión, -zón**:

> *la edad, la nariz, la atención, la decisión, la razón,* etc.

Excepciones: *el corazón, el pez, el juez, el tropezón, el arcabuz, el almirez,* etc.

■ Son generalmente femeninas

Las terminaciones **-umbre, -eza, -ie, -nza, -cia, -ncia**:

> *la lumbre, la pesadumbre*
> *la pobreza, la cabeza*
> *la serie, la calvicie*
> *la danza, la esperanza*
> *la avaricia, la inmundicia*
> *la prudencia, la tendencia,* etc.

■ Femeninos con *a* acentuada inicial

Llevan el artículo masculino en singular (*véase Normas, cap.4,* El artículo determinado, *pág. 27*):

> *el agua fría. (Plural: las aguas frías.)*

■ Femeninos que terminan en -o

• Los nombres que corresponden a una persona de sexo femenino:

> *la modelo, la soprano,* etc.

• Las abreviaturas en **-o** de palabras terminadas en **-a**:

> *la foto(grafía), la moto(cicleta),* etc.

• La mano:
> *la mano derecha.*

■ *Masculino o femenino*

■ Según el sexo, son masculinos o femeninos

• Los nombres terminados en **-ista**:

> *el periodista*   *la periodista*
> *el ciclista*   *la ciclista*
> *el artista*   *la artista*
> *el socialista*   *la socialista*
> *el modista*   *la modista,* etc.

• Ciertos nombres terminados en **-nte**:

el estudiante	*la estudiante*
el principiante	*la principiante*
el cantante	*la cantante*, etc.

Pero:

el dependiente	*la dependienta*
el cliente	*la clienta*, etc.

• Ciertos nombres que no se pueden clasificar:

el / la testigo, culpable, homicida, reo, joven, etc.

■ Son sólo masculinos o femeninos

Los nombres que corresponden a especies animales, si no tienen formas diferenciadas. Se determinan según el sexo añadiendo *macho o hembra*:

el ratón macho	*el ratón hembra*
la jirafa macho	*la jirafa hembra*
la rana macho	*la rana hembra*, etc.

■ Doble artículo

Ciertos nombres aceptan doble artículo y cambian de significado:

el frente (parte delantera de algo)	*la frente (parte delantera de la cara)*
el capital (el dinero)	*la capital (la ciudad)*
el cólera (enfermedad)	*la cólera (la ira)*
el cometa (estrella)	*la cometa (juguete que vuela)*
el espada (el torero)	*la espada (el arma que usa)*
el pez (animal)	*la pez (sustancia)*
el cura (sacerdote)	*la cura (atención médica)*, etc.

■ Aceptan los dos géneros

Algunos nombres, sin cambiar de significado, aceptan los dos géneros:

el mar (usual)	*la mar (palabra técnica o poética)*
el arte (usual)	*las artes (en plural)*
el calor (usual)	*la calor (palabra rural o arcaica)*.

■ Los nombres de ciudad

Son femeninos si terminan en **-a**, y por lo regular masculinos en los demás casos. Hay muchas excepciones y variaciones en el uso:

Barcelona es hermosa.
Madrid es hermoso.

2 FORMACIÓN DEL FEMENINO

■ *Modificaciones del masculino para formar el femenino*

■ **Los nombres terminados en -o la cambian por -a**

el gato	*la gata*
el tío	*la tía*
el alumno	*la alumna*, etc.

■ **Generalmente los nombres que terminan en consonante añaden -a**

el doctor	*la doctora*
el bailarín	*la bailarina*, etc.

Pero muchos nombres forman el femenino con los sufijos -esa, -i -ina, y a veces se producen cambios en la escritura:

el conde	*la condesa*	*el actor*	*la actriz*
el duque	*la duquesa*	*el rey*	*la reina*
el príncipe	*la princesa*	*el héroe*	*la heroína*, etc.

■ **En algunos casos hay palabras distintas para cada sexo**

el hombre	*la mujer*	*el marido*	*la esposa*
el padre	*la madre*	*el caballo*	*la yegua*
el yerno	*la nuera*	*el carnero*	*la oveja*
el macho	*la hembra*	*el padrino*	*la madrina*, etc.

■ **Los nombres referidos a profesiones *cultas* o a grupos asociativos o políticos tienden a permanecer invariables para ambos géneros**

el artista	*la artista*
el socialista	*la socialista*
el deportista	*la deportista*, etc.

Pero hay cada vez más excepciones, teniendo en cuenta la evolución de la sociedad:

el ministro	*la ministra*
el catedrático	*la catedrática*
el juez	*la jueza*
el médico	*la médica*
el abogado	*la abogada*, etc.

■ **Los referidos a profesiones *no cultas*, donde la mujer está presente hace tiempo, varían de género**

el campesino	*la campesina*
el obrero	*la obrera*
el tendero	*la tendera*, etc.

■ **Ciertos nombres que no corresponden a realidades sexuadas se presentan bajo forma masculina o femenina.** La forma femenina puede representar una realidad de diferente dimensión o intensidad o, incluso, un objeto distinto:

el jarro	*la jarra (un jarro grande)*
el cesto	*la cesta (un cesto grande)*
el barco	*la barca (un barco pequeño)*, etc.

3 FORMACIÓN DEL PLURAL

Reglas generales

Nombres terminados en:	plural en	ejemplo	plural
Vocal (acentuada o no acentuada) excepto -í (acentuada) o -y.	-s	la casa la liebre el papá el comité el menú	las casas las liebres los papás los comités los menús
Consonante (excepto -s), -y o -i (acentuada).	-es	la pared el jabalí la ley	las paredes los jabalíes las leyes
-z	-ces	el pez	los peces
-s: monosílabos o nombres con acento en la última sílaba.	-es	el gas el interés el país	los gases los intereses los países
Los otros nombres en -s.	-s	la tesis el paraguas	las tesis los paraguas

Cuestiones particulares

Plurales masculinos

El plural masculino engloba a veces a los dos géneros:

> los padres = la madre y el padre
> los tíos = el tío y la tía, etc.

Sólo en plural

Algunos nombres sólo van en forma plural:

> las gafas
> las tijeras, etc.

Cambio de acento

Algunos nombres cambian el lugar del acento al cambiar de número:

> el régimen, los regímenes
> el carácter, los caracteres
> el espécimen, los especímenes, etc.

■ **Cambio de sentido**

Algunos nombres cambian de sentido al cambiar de número:

> la esposa, las esposas (mujer/es casada/s),
> las esposas -sólo en plural y como objeto- (cadena que sujeta
> las manos del prisionero).

■ **Dos plurales**

Algunos nombres admiten dos formas de plural:

> *el bambú: los bambús o los bambúes*
> *el tabú: los tabús o los tabúes,* etc.

■ **Sin plural fijo**

Ciertos nombres de origen extranjero no tienen todavía un plural determinado:

> *el esquí: los esquís o los esquíes.*

■ **Formas sustantivadas**

Las formas sustantivadas de *sí* y *no* forman el plural en *síes* y *noes*:

> *El periódico publicó las estadísticas de los síes y de los noes de*
> *las elecciones europeas.*

■ **Nombres compuestos**

Si los nombres compuestos se escriben en una sola palabra se debe aplicar la regla general de formación del plural:

> *el contrabajo*   *los contrabajos*
> *el girasol*   *los girasoles*
> *el parabrisas*   *los parabrisas*
> *la telecomunicación*   *las telecomunicaciones,* etc.

Si se perciben como unidad, auque vayan separados o unidos por guión, es de uso corriente que el plural se aplique sólo al primer elemento:

> *el hombre-rana*   *los hombres-rana*
> *la situación límite*   *las situaciones límite,* etc.

*E*l adjetivo

El adjetivo tiene como función la de precisar una cualidad del nombre.

1 FORMACIÓN DEL FEMENINO

Los adjetivos que terminan en **-o** la cambian por **-a:**
bonito   bonita
bueno   buena.

Muchos adjetivos son invariables: *un chico amable, una chica amable.*

2 FORMACIÓN DEL PLURAL

Añaden **-s** si terminan en **vocal no acentuada:**
una silla blanca, unas sillas blancas.

Añaden **-es** si terminan en **consonante** o en **vocal acentuada:**
un chico trabajador, unos chicos trabajadores
un objeto marroquí, unos objetos marroquíes.

3 SITUACIÓN DEL ADJETIVO

Se coloca normalmente detrás del nombre:
un sol brillante
un problema importante.

4 CONCORDANCIA DEL ADJETIVO

El adjetivo concuerda siempre con el nombre en género y número:
Las aulas del instituto son alegres y luminosas.

5 LOS COMPARATIVOS

De superioridad: **más ... que**   *Pedro es **más** inteligente **que** Juan.*

De inferioridad: **menos ... que**   *Juan es **menos** inteligente **que** Pedro.*

De igualdad: **tan (tanto) ... como**   *Él vale **tanto como** ella.*
*Pablo es **tan** inteligente **como** María.*

6 EL SUPERLATIVO

Expresa una cualidad en su grado máximo. Se forma por medio del sufijo **-ísimo**
añadido al adjetivo: *bueno   buenísimo*
malo   malísimo.

7 FORMAS SUSTANTIVADAS Y ADVERBIALES

Recibía al rico y al pobre.
¡Habla bajo!, nos pueden oír.

6

*E*l adjetivo

1 FORMACIÓN DEL FEMENINO

Adjetivos terminados en:	En femenino	ejemplo	femenino
-án, -ín, -ón, -or	añaden -a	holgazán parlanchín dormilón seductor	holgazana parlanchina dormilona seductora
-ior (Y los comparativos *mayor, menor,* *mejor, peor*)	no cambian	posterior anterior exterior mayor mejor peor	posterior anterior exterior mayor mejor peor
-ete, -ote	cambian -e por -a	grandote regordete	grandota regordeta
Todos los adjetivos que terminan en -o	cambian -o por -a	bueno bonito	buena bonita
Todos los demás	no cambian	interesante útil	interesante útil

•**Los gentilicios** (adjetivos que indican el origen: nación, provincia, ciudad, etc.) añaden una **-a** para formar el femenino:

  francés   *francesa*   *alemán*   *alemana.*

Pero los que terminan en **-a, -i, -e,** permanecen invariables:

  un chico belga   una chica belga
  un libro marroquí   una casa marroquí
  un amigo conquense   una amiga conquense.

2 FORMACIÓN DEL PLURAL

Adjetivos terminados en:	En plural	ejemplo	plural
Vocal no acentuada	añaden -s	ambicioso interesante egoísta	ambiciosos interesantes egoístas
Consonante o vocal acentuada	añaden -es	trabajador marroquí	trabajadores marroquíes
-z	-ces	capaz	capaces

•Son invariables los adjetivos de colores derivados:

> *Tenía ojos azul claro.*

•Son invariables los adjetivos que son originariamente nombres de cosas (frutas, flores, minerales) o de animales:

> *La casa tiene ventanas limón y puertas naranja.*

3 SITUACIÓN DEL ADJETIVO

El adjetivo se coloca normalmente detrás del nombre:

> *un sol **brillante**.*

Pero puede colocarse delante para reforzar el valor del adjetivo:

> *un **brillante** sol.*

Observaciones:

•Algunos adjetivos como **bueno, malo**, etc. (*véase Normas, cap. 13,* La apócope, *pág. 77*), cuando van colocados delante de un nombre pierden la **o** final en masculino singular:

> *un buen chico, un chico bueno.*

•Hay adjetivos que cambian de sentido según vayan colocados delante o detrás del nombre:

> *Es una mujer pobre (que no tiene dinero).*
> *Es una pobre mujer (persona desgraciada, insignificante).*

4 CONCORDANCIA DEL ADJETIVO

•**El adjetivo concuerda siempre con el nombre en género y número:**

> *Las aulas del instituto eran alegres y luminosas.*

•Si el adjetivo se refiere a varios nombres y uno es masculino, el género será masculino:

> *La camisa y el pantalón eran rojos.*

5 LOS COMPARATIVOS

Una característica de los adjetivos es tener grados de significación. Y hablamos de grado comparativo si una cualidad se expresa en relación de igualdad, inferioridad o superioridad con la de un segundo término de dicha comparación.

■ **Formas**

De superioridad: más ... que	*Pedro es **más** inteligente **que** Juan.*
De inferioridad: menos ... que	*Juan es **menos** inteligente **que** Pedro.*
De igualdad: tan (tanto) ... como	*Pablo es **tan** inteligente **como** María, pero no **tanto como** Luisa.*

Observaciones:

•En el caso de **más ... que, menos ... que,** si el complemento de esos comparativos va seguido de una proposición, se añade **de lo**:

> *Es mucho **más** trabajador **de lo** que parece.*

•Como forma coloquial de comparativo de igualdad se ha extendido **igual de ... que**:

> *Daniel es **igual de** alto **que** César.*

•La forma comparativa de limitación: **no ... más que** equivale a *sólo*.

> ***No** he comprado **más que** dos cuadernos.*

Equivale a: ***Sólo** he comprado dos cuadernos.*

■ **Formas comparativas irregulares**

Más bueno	**mejor**
más malo	**peor**
más pequeño (o de menos edad)	**menor**
más grande (o de más edad)	**mayor**
más arriba (o de más calidad)	**superior**
más abajo (o de menos calidad)	**inferior**

6 EL SUPERLATIVO

■ **El superlativo absoluto**

Expresa una cualidad en su grado máximo:

Formación del superlativo absoluto		
Por medio del sufijo **-ísimo**	bueno malo	*buen**ísimo** mal**ísimo***
Por medio del sufijo **-bilísimo** (si terminan en **-ble**)	agradable	*agrada**bilísimo***
Por medio de adverbios **(muy, sumamente, ...)**	*Es un chico **muy** bueno.* *Es una chica **sumamente** buena.*	

Observaciones:

• Ciertos adjetivos sufren una modificación ortográfica:

rico	*riquísimo*
largo	*larguísimo.*

• Ciertos adjetivos tienen un superlativo diferente formado sobre la raíz original:

pobre	*paupérrimo*	fiel	*fidelísimo*
antiguo	*antiquísimo*	simple	*simplicísimo.*

• Se forman **superlativos familiares** con prefijos como **super-, extra-** (actualmente muy usados), **archi-** o **requete-** (en desuso), que preceden al adjetivo:

unas notas superbuenas   un cigarrillo extralargo
un chiste archiconocido   una comida requetebuena.

■ **El superlativo relativo**

Expresa cualidades de superioridad o de inferioridad en grado máximo pero en relación con otros nombres. Se forma con **más** o **menos** precedidos del artículo (**el, la, los, las**) o de un nombre precedido del artículo determinado. En el segundo término, **de** o **que**:

*Es **la más** atractiva.*
*Es **la persona más** atractiva **del** grupo.*
*Es **la persona más** atractiva **que** conozco.*

■ **Formas superlativas irregulares**

Muy bueno	**óptimo**	muy malo	**pésimo**
muy pequeño	**mínimo**	muy grande	**máximo.**

7 FORMAS SUSTANTIVADAS Y ADVERBIALES

• El adjetivo puede usarse como nombre:

*Admiraba a **los jóvenes.***
*Admitía a **los justos** y rechazaba a **los malos.***

• El adjetivo masculino singular precedido del artículo neutro **lo** puede formar sustantivos *(véase Normas, cap. 4, El artículo, pág. 23)*:

lo difícil ——▶ *(la dificultad)*
lo importante ——▶ *(lo que tiene importancia).*

• Ciertos adjetivos como **alto, bajo, claro, derecho, justo, mucho, poco, caro, barato, ...** pueden tener valor de adverbios:

*Las niñas cantaban **alto.***
*Este coche viene **derecho** hacia aquí.*
*¿Lo encuentras **justo**?*

7 — Los demostrativos

1 LOS ADJETIVOS DEMOSTRATIVOS

Masculino	**ESTE** *este libro*	**ESE** *ese libro*	**AQUEL** *aquel libro*
Femenino	**ESTA** *esta mesa*	**ESA** *esa mesa*	**AQUELLA** *aquella mesa*
Masculino plural	**ESTOS** *estos chicos*	**ESOS** *esos chicos*	**AQUELLOS** *aquellos chicos*
Femenino plural	**ESTAS** *estas niñas*	**ESAS** *esas niñas*	**AQUELLAS** *aquellas niñas*

2 LOS PRONOMBRES DEMOSTRATIVOS

Masculino	**ÉSTE** *Éste es Juan.*	**ÉSE** *Ése es Pedro.*	**AQUÉL** *Aquél es Pablo.*
Femenino	**ÉSTA** *Ésta es María.*	**ÉSA** *Ésa es Lola.*	**AQUÉLLA** *Aquélla es Pilar.*
Masculino plural	**ÉSTOS** *Éstos son los mejores.*	**ÉSOS** *Ésos son buenos.*	**AQUÉLLOS** *Aquéllos son los más lejanos.*
Femenino plural	**ÉSTAS** *Éstas están aquí cerca.*	**ÉSAS** *Ésas están ahí.*	**AQUÉLLAS** *Aquéllas están allí lejos.*
Neutro	**ESTO** *Esto está bien.*	**ESO** *Eso es bueno.*	**AQUELLO** *Aquello es mejor.*

3 EMPLEO DE LOS DEMOSTRATIVOS

SITUACIÓN EN EL ESPACIO

E L   H A B L A N T E

(Aquí, acá) Cerca del hablante	**(Ahí)** A poca distancia del hablante	**(Allí, allá)** Lejos del hablante
←		→
ESTE (esta, estos, estas, éste, ésta, éstos, éstas, esto)	**ESE** (esa, esos, esas, ése, ésa, ésos, ésas, eso)	**AQUEL** (aquella, aquellos, aquellas, aquél, aquélla, aquéllos, aquéllas, aquello)
←		→
Mayor proximidad	Menor proximidad	Lejanía

SITUACIÓN EN EL TIEMPO

*L*os demostrativos

7

1   LOS ADJETIVOS DEMOSTRATIVOS

Generalidades

• Los adjetivos demostrativos determinan al nombre y **no llevan acento**.

• **Concuerdan en género y número con el nombre.**

• Van generalmente delante del nombre al que determinan; en ese caso son incompatibles con el artículo:

> *No me conviene **esa** situación.*

• Pueden ir después del nombre (precedido del artículo determinado) para darle un matiz particular, generalmente despectivo:

> *No me conviene la situación **esa** que me propones.*
> *La mujer **esa** no me gusta.*

• Establecen una relación de proximidad o de distancia entre los diferentes protagonistas del diálogo o las cosas a las que se refieren (*véase* 3. Empleo, *pág. 44*).

Valor afectivo

Independientemente de los valores de alejamiento espacial o temporal, los demostrativos **ese** y **aquel** pueden tener un valor afectivo:

Ese se emplea con matiz de desprecio:

> *¡Quién se cree que es **ese** pobre desgraciado!*

Aquel se emplea con matiz de admiración:

> ***Aquel** hombre fue la gloria de nuestro pueblo.*

2   LOS PRONOMBRES DEMOSTRATIVOS

Generalidades

• Los pronombres **se escriben generalmente con acento**, pero pueden ir sin acento si no existe riesgo de confusión. Cuando son antecedentes de pronombre relativo se escriben sin acento:

> *Te advierto que **ese** que acaba de llegar es mi mejor amigo.*
> *No encuentro **aquellos** que compré.*

• Los pronombres tienen formas neutras: **esto, eso, aquello**, que nunca van acentuadas:

Eso es más creíble para mí.

Particularidades de los pronombres

•Establecen una relación de proximidad o lejanía en el orden de la frase:

> *Vamos a cambiar de sitio las estanterías:* **ésta** *más cerca,* **aquélla** *más lejos.*

•**Esto de, eso de, aquello de**, significa *lo que se refiere a*:

> *No creo en* **eso de** *los cuentos fantásticos.*

•En las relaciones epistolares comerciales, **ésta** representa la ciudad, la casa, la empresa..., del que escribe. **Ésa** representa la ciudad, la casa, la empresa..., de aquel a quien va dirigida la carta:

> *Nosotros en* **ésta** *perdimos mucho tiempo con el proyecto; no deseamos que pase lo mismo en* **ésa.**

3 EMPLEO DE LOS DEMOSTRATIVOS

Relación espacial con respecto al hablante

Mayor proximidad: (Proximidad al yo)	**ESTE** **Este** *libro (que está* **aquí)** *tiene mucho interés para mí.*
Menor proximidad: (Proximidad al tú)	**ESE** **Ese** *pantalón (que tienes* **ahí)** *no me gusta.*
Lejanía: (Lejanía del tú y del yo)	**AQUEL** *La falda que lleva* **aquella** *señora (que está* **allí** *sentada) es muy fea.*

Relación temporal con respecto al hablante

Mayor proximidad:	**ESTE** **Este** *año las cosas me salen mejor.*
Menor proximidad:	**ESE** *Estábamos sentados y en* **ese** *momento se presentó la policía.*
Lejanía:	**AQUEL** *En* **aquella** *época, la vida parecía más fácil.*

8 *L*os posesivos

1 LOS ADJETIVOS POSESIVOS DELANTE DEL NOMBRE

Adjetivo	Singular masculino femenino	Plural masculino femenino	(Complemento identificador)
Mi - Mis	mi libro mi mesa	mis libros mis mesas	
Tu - Tus	tu cuaderno tu casa	tus cuadernos tus casas	
Su - Sus	su coche su hija	sus coches sus hijas	de él, de ella, de usted
Nuestro/s Nuestra/s	nuestro tío nuestra niña	nuestros tíos nuestras niñas	
Vuestro/s Vuestra/s	vuestro país vuestra región	vuestros países vuestras regiones	
Su - Sus	su vaso su copa	sus vasos sus copas	de ellos, de ellas, de ustedes

2 LOS ADJETIVOS POSESIVOS DETRÁS DEL NOMBRE

Adjetivo	Ejemplo	Pronombre correspondiente
Mío (mía, míos, mías)	Dale un pañuelo mío (de mí).	**El mío** (la mía, los míos, las mías)
Tuyo (tuya, tuyos, tuyas)	Tengo un libro tuyo (de ti).	**El tuyo** (la tuya, los tuyos, las tuyas)
Suyo (suya, suyos, suyas)	Es un primo suyo (de él, de ella, de usted).	**El suyo** (la suya, los suyos, las suyas)
Nuestro (nuestra, -os, -as)	Son unos amigos nuestros (de nosotros/as).	**El nuestro** (la nuestra, los / las nuestros/as)
Vuestro (vuestra, -os,-as)	Me encanta el piso vuestro (de vosotros/as).	**El vuestro** (la vuestra, los / las vuestros/as)
Suyo (suya, suyos, suyas)	¿Es un coche suyo? (de ellos/as, de ustedes).	**El suyo** (la suya, los suyos, las suyas)

3 LOS PRONOMBRES POSESIVOS

Se forman con el artículo determinado (el, la, lo, los, las) y las formas: mío, tuyo, suyo, nuestro, vuestro, suyo: *Lo mío es mejor que lo tuyo.*

8 *L*os posesivos

1 LOS ADJETIVOS POSESIVOS DELANTE DEL NOMBRE

■ *Generalidades*

- Los adjetivos posesivos sustituyen al artículo para expresar la posesión:

    el libro   *mi* libro.

- En cuanto a su **concordancia**:

- **MI, TU, SU** sólo concuerdan en número:

    mi abrigo   *mis* abrigos
    mi corbata   *mis* corbatas.

- **NUESTRO, VUESTRO** concuerdan en género y número:

    nuestro tío   *nuestros* tíos
    nuestra obra   *nuestras* obras.

■ *No se emplean los adjetivos posesivos*

- Cuando la relación de posesión es evidente:

    Metió la mano en el bolsillo.   Y no: *Metió su mano en su bolsillo.*
    Vendí la casa y el coche.   Y no: *Vendí mi casa y mi coche.*

- Cuando la relación de posesión ya está establecida por un pronombre:

    Nos lavamos los dientes.   Y no: *Nos lavamos nuestros dientes.*
    Me duelen el estómago y la cabeza.   Y no: *Me duelen mi estómago y mi cabeza.*

Sin embargo, se usa el posesivo cuando expresa una costumbre:

    *Se toma cada día **su** cafecito.*

■ *Ambigüedad de la tercera persona (su)*

La frase *Hemos visitado su casa* puede corresponder a:

    Hemos visitado su casa (la de usted).
    Hemos visitado su casa (la de ustedes).
    Hemos visitado su casa (la de él).
    Hemos visitado su casa (la de ella).
    Hemos visitado su casa (la de ellos).
    Hemos visitado su casa (la de ellas).

Oralmente, si no está claro, después de una pausa o de un gesto, incluso como de disculpa o concesión, se añade: *(la) de él, ella, ellos, ellas, usted o ustedes*.

2 LOS ADJETIVOS POSESIVOS DETRÁS DEL NOMBRE

■ *Generalidades*

•**Concuerdan en género y número con el nombre:**

> *un libro **mío***   *unos libros **míos***
> *una casa **mía***   *unas casas **mías**.*

•El nombre conserva su artículo o determinante:

> *Un amigo **tuyo** te llamó ayer.*
> *Este abrigo **mío** ya no me gusta.*

•En frases exclamativas o interjecciones no aparece el determinante:

> *¡Dios **mío**, qué calor!*
> *¡Hijo **mío**, no te asustes!*

•Permiten expresar la posesión o el énfasis de un elemento dentro de un conjunto:

> *Pedro es amigo **mío** (es uno de mis amigos).*

Pero: *Pedro es **mi** amigo (es un amigo en particular).*

•Empleados con el verbo **ser**, refuerzan la idea de posesión:

> *Este libro es **mío** (me pertenece).*
> *Esta casa es más **mía** que **tuya** (me pertenece más a mí que a ti).*

•Se deben emplear cuando el nombre va precedido de *un, algún(o), ningún(o), cualquier(a), cada, mucho, poco, varios, más, menos*:

> *Encontré a un alumno **mío**.*
> *Cada sugerencia **suya** es valiosa.*
> *Algunos amigos **tuyos** no opinan como tú.*

•Se deben emplear cuando van con *nada* y *algo*:

> *Me gustaría conservar algo **tuyo**.*
> *No quiero nada **suyo**.*

3 LOS PRONOMBRES POSESIVOS

■ *Generalidades*

•**Sustituyen al nombre** y establecen una relación de posesión:

¿Qué dices de los coches?
*Que **el mío** es más rápido que **el tuyo.***
   (mi coche)   *(tu coche)*

• Precedidos del artículo neutro **lo** tienen un valor particular: *lo que me pertenece, me concierne, que es de mi especialidad...*:

Lo mío *es el deporte.(Mi especialidad es el deporte.)*
*Cada uno a **lo suyo**.(Que cada uno se ocupe de lo que le concierne.)*

• También precedidos del artículo neutro **lo** pueden expresar cantidad:

*He trabajado **lo mío** (mucho).*
*Has dormido **lo tuyo** (mucho).*

*L*os pronombres personales

Los pronombres personales representan directamente a personas, animales o cosas e indican las personas gramaticales.

1 LOS PRONOMBRES SUJETO

	Masculino	Femenino	Neutro	De cortesía
1ª pers. sing.	YO	YO		
2ª pers. sing.	TÚ	TÚ		
3ª pers. sing.	ÉL	ELLA	* ELLO	USTED
1ª pers. plural	NOSOTROS	NOSOTRAS		
2ª pers. plural	VOSOTROS	VOSOTRAS		
3ª pers. plural	ELLOS	ELLAS		USTEDES

* El pronombre sujeto neutro ELLO, si bien existe, tiene un uso muy escaso.

2 LOS PRONOMBRES COMPLEMENTO DIRECTO

	Masculino	Femenino	Neutro	De cortesía	Reflexivo
1ª pers. sing.	ME	ME			ME
2ª pers. sing.	TE	TE			TE
3ª pers. sing.	LO (personas y cosas) (LE) (personas)	LA (personas y cosas)	LO	LO (LE) (masculino) LA (femenino)	SE
1ª pers. plural	NOS	NOS			NOS
2ª pers. plural	OS	OS			OS
3ª pers. plural	LOS (personas y cosas)	LAS (personas y cosas)		LOS (LES) (masculino) LAS (femenino)	SE

3 LOS PRONOMBRES COMPLEMENTO INDIRECTO SIN PREPOSICIÓN

	Masculino	Femenino	Neutro	De cortesía	Reflexivo
1ª pers. sing.	ME	ME			ME
2ª pers. sing.	TE	TE			TE
3ª pers. sing.	LE (personas y cosas)	LE (personas y cosas)	LE	LE	SE
1ª pers. plural	NOS	NOS			NOS
2ª pers. plural	OS	OS			OS
3ª pers. plural	LES (personas y cosas)	LES (personas y cosas)		LES	SE

4 LOS PRONOMBRES COMPLEMENTO CON PREPOSICIÓN

	Masculino	Femenino	Neutro	De cortesía	Reflexivo	Uso particular con la prep. CON
1ª pers. sing.	MÍ	MÍ				CONMIGO
2ª pers. sing.	TI	TI				CONTIGO
3ª pers. sing.	ÉL	ELLA	ELLO	USTED	SÍ	CONSIGO (mismo) con él, con ella, con ello, con usted.
1ª pers. plural	NOSOTROS	NOSOTRAS				con nosotros (as)
2ª pers. plural	VOSOTROS	VOSOTRAS				con vosotros (as)
3ª pers. plural	ELLOS	ELLAS		USTEDES	SÍ	CONSIGO con ellos, con ellas, con ustedes.

5 ORDEN DE LOS PRONOMBRES EN LA FRASE

El pronombre complemento indirecto siempre va precediendo al pronombre directo: objeto indirecto + objeto directo: *Te lo aconsejo.*

6 COLOCACIÓN EN RELACIÓN CON EL VERBO

Normalmente situados antes del verbo, los pronombres van después cuando el verbo está en INFINITIVO, GERUNDIO o IMPERATIVO. En ese caso los pronombres se unen al verbo de modo enclítico:

*No quiero decír**telo**.*   *Dí**melo**.*   *Está diciéndo**melo**.*

*L*os pronombres personales

1 LOS PRONOMBRES SUJETO

■ *Generalidades*

Cuando el verbo presenta formas claramente diferenciadas no se emplea el pronombre sujeto:

> *Tengo un pasaporte europeo.*
> *Decidimos ir de vacaciones a Castilla.*

■ Uso obligatorio del pronombre sujeto

•En casos de ambigüedad, especialmente cuando se oponen dos sujetos y el verbo puede ser tanto primera como tercera persona:

> ***Ella*** *veía la televisión mientras* ***yo*** *planchaba la ropa.*

•Cuando hay varios sujetos:

> *Elena y* ***yo*** *vamos al cine todos los viernes.*
> *Al entrar* ***yo*** *en el bar, la chica me miró.*
> *Estando* ***tú*** *enfermo, vino el médico a visitarte.*

•En caso de desaparición (elipsis) de la forma verbal en las estructuras comparativas entre dos nombres:

> *Juan es más joven que* ***tú.***
> (Tú es sujeto de la oración elíptica: que tú eres joven.)

■ Uso enfático del pronombre sujeto

Se emplea el pronombre sujeto para dar más fuerza y valor a la persona de que se trata:

> *Aquí mando* ***yo.***
> *¡Conduce* ***tú,*** *que él está borracho!*
> ***Yo,*** *el jefe, debo ser un ejemplo para todos.*

■ *Cuestiones particulares*

■ ÉL, ELLA, ELLOS, ELLAS

Se refieren siempre a seres animados; cuando se trata de cosas, se emplean los demostrativos:

> *Aquí tienes dos camisas,* ***ésta*** *es de seda,* ***ésa*** *de algodón.*

■ ELLO

•Este pronombre neutro se refiere siempre a un conjunto de cosas o de ideas y nunca a personas ni a cosas determinadas. Se usa poco en la lengua hablada y generalmente se le sustituye por un pronombre demostrativo neutro (*esto, eso* o *aquello*):

> ***Ello*** *es más convincente para mí.* = ***Esto*** *es más convincente para mí.*

• A la forma **ello es que,** literaria y anticuada, se prefiere *el caso es que*:

> ***Ello es que*** *acabaron insultándose.*= ***El caso es que*** *acabaron insultándose.*

■ **USTED, USTEDES**

Es fórmula de cortesía o de respeto y corresponde a la tercera persona. Se opone al empleo de **tú** o de **vosotros/as** que expresa más familiaridad.
Ha de emplearse siempre que el interlocutor sea una persona socialmente superior o con quien no tenemos familiaridad:

> ***Tú*** *debes pedir perdón y* ***usted****, señor, debe perdonarlo.*

■ **Plural de las fórmulas de tratamiento**

> **Tú + tú + (tú...) = vosotros/as.**

Pero si entre los interlocutores hay una persona a quien tratamos de usted, el plural es *ustedes*:

> **tú + (tú...) + usted = ustedes.**

• Nótese que en el español de Canarias y América Latina no existe en plural la distinción entre *vosotros y ustedes* al desaparecer la forma *vosotros*:

> **tú + tú + tú = ustedes**
> **tú + tú + usted = ustedes**
> **usted + usted = ustedes.**

En Argentina y otros países de América Latina se usa **vos** para expresar el tuteo singular. Se emplea con una forma verbal que es la segunda del plural sin la **-i**:

> *¿Qué* ***hacés vos****?*   para   *¿Qué haces tú?*

2 LOS PRONOMBRES COMPLEMENTO DIRECTO

■ *Complejidad de la tercera persona*

El pronombre personal complemento directo que corresponde a la tercera persona masculino singular es **lo**.
Se emplea tanto para representar a personas como a animales o cosas:

> ***Lo*** *quiero mucho (a Juan).*
> *Que no se imagine ese chico que no* ***lo*** *veo.*

*Aparca el coche, **lo** cierra y **lo** abandona en la plaza.*

LE en vez de LO

El uso de **le** como complemento directo en lugar de **lo** es el *leísmo*. Sólo se considera correcta la forma en masculino singular si se refiere a una persona:

> ***Le** conozco desde hace muchos años (a este profesor).*
> ***Le** convoqué para felicitar**le** (a este estudiante).*

LA

En femenino siempre se emplea **la**:

> ***La** amaba y **la** deseaba.*

LOS o LES

En plural masculino, refiriéndose a personas, siempre es preferible el empleo de **los** como complemento directo:

> *He buscado a tus amigos y no **los** he visto.*

Formas de cortesía

Con las formas de cortesía, aunque la Academia recomiende siempre el empleo de **lo - los**, podemos establecer un cuadro de uso muy generalizado y menos restrictivo.

sujeto	complemento directo masculino	complemento directo femenino
USTED	LO - LE	LA
USTEDES	LOS - LES	LAS

Así, resultan muy aceptadas frases como:

> *Señores, agradezco su presencia y **les** invito a tomar una copa.*

LO neutro, complemento directo

• Es la manera con la que hacemos referencia a una oración anterior:

> *Ven a verme; te **lo** pido por favor.*
> *Lo que me acabas de contar no **lo** entiendo.*

• **La - las** tienen en ciertas expresiones un valor colectivo o cercano al neutro **lo**:

> *¡Buena **la** hemos hecho!*
> ***Las** pasamos muy mal.*
> *Me **las** arreglo como puedo.*

■ **Los pronombres reflexivos complemento directo**

Se emplean cuando el complemento se refiere a la misma persona que el sujeto:

> *Juan **se** lava.*
> ***Nos** decidimos.*

■ **Empleo redundante de los pronombres complemento directo**

Cuando el sustantivo o la fórmula de tratamiento complemento directo se encuentra antes del verbo, es obligatorio que aparezca un pronombre redundante con idéntica función:

> *A Susana **la** invitaremos a la fiesta.*
> *A usted no **le** quiero escuchar.*
> *Ese libro **lo** puse en la biblioteca.*

3 LOS PRONOMBRES COMPLEMENTO INDIRECTO SIN PREPOSICIÓN

■ *Unicidad de la tercera persona*

•**LE** es el pronombre complemento indirecto que corresponde a las formas masculino y femenino singular y neutro, tanto para personas como para cosas:

> *A tu hija conviene que **le** des una buena educación.*
> *No prestaba a su trabajo el interés que **le** debía.*
> *A lo que me había contado, no **le** di importancia.*

•**LES** es forma plural, tanto masculina como femenina del pronombre complemento indirecto. Sirve para personas o cosas:

> *A mis primos no **les** gustan las corridas de toros.*
> *A estos coches **les** echamos gasolina sin plomo.*

•**LE - LES** corresponden también al tratamiento de cortesía:

> *A usted no **le** puedo ocultar la verdad.*
> ***Les** quiero decir, señores, todo lo que pienso.*

■ *Empleo redundante de los pronombres complemento indirecto*

•Cuando una forma de cortesía es complemento indirecto, tiene que haber un pronombre redundante con idéntica función:

> *A **ustedes les** mandaré unos turrones para las fiestas.*

•También lo hay cuando el complemento indirecto es una persona y aparece antes que el pronombre:

> *A **tu hija** conviene que **le** prestes más atención.*

Sustitución de LE o LES por la variante SE

Se sustituye a **le** o **les** cuando estas formas van inmediatamente segui-
das de un pronombre complemento que comience por **l**.

| LE + (LO, LA, LOS, LAS) | ➤ | **SE** LO, **SE** LA, **SE** LOS, **SE** LAS |
| LES + (LO, LA, LOS, LAS) | ➤ | **SE** LO, **SE** LA, **SE** LOS, **SE** LAS |

> *Espere, sra. Toro, **se** lo doy inmediatamente (a usted).*
> *Señores, los documentos **se** los mandaré (a ustedes).*

4 LOS PRONOMBRES COMPLEMENTO EMPLEADOS CON PREPOSICIÓN

En general

• Después de una preposición las formas complemento: **directo de persona con preposición, indirecto con preposición y circunstancial
- siempre con preposición** -, son idénticas a las formas del pronombre
sujeto:

> *A **vosotros** os colocará el acomodador.*
> *Pon un cubierto para **ella**.*
> *Se ha venido con **nosotros**.*

• Menos tres que son específicas:

> **MÍ**　　　*Te olvidaste de **mí**.*
> **TI**　　　*Esta carta es para **ti**.*
> **SÍ**　　　*Miró ante **sí**.*

Usos particulares

Uso de YO y TÚ en lugar de MÍ y TI

Con las partículas **entre, según, excepto, incluso, menos, salvo** y
hasta (con el sentido de *incluso*) se usan **yo** y **tú** en lugar de **mí** y **ti** porque se consideran sujetos del verbo principal o de una forma verbal elíp-
tica:

> *Entre **tú** y **yo** formamos un buen equipo.*
> *Según **tú**, va a llover dentro de dos horas.*
> *Todos obedecen, menos **tú**.*

Uso de SÍ

Se emplea el reflexivo cuando el pronombre complemento y el sujeto de
la oración son la misma persona; puede ir acompañado de *mismo*:

> *No le gustaba hablar de **sí mismo**.*
> *El niño miró detrás de **sí**, para ver si le perseguían.*

Uso particular con la preposición CON

Los pronombres **mí, ti, sí,** precedidos de la preposición **con** toman las formas:

conmigo	**(con + mí)**	*¿Por qué no quieres venir* **conmigo**?
contigo	**(con + ti)**	*No me gustaría trabajar* **contigo.**
consigo	**(con + sí)**	*Se lleva la maleta* **consigo** *(mismo).*

Con los demás pronombres no hay modificaciones:

> *No quiero que salgas con* **él.**
> *Trabajaré con* **ustedes.**
> *Ven a la playa con* **nosotros.**

■ **Uso enfático de los pronombres personales empleados con preposición**

• Con la preposición **a** este uso ofrece dos posibilidades:

- Dar más relieve a la persona aludida:

> **A mí** *no* **me** *vas a engañar.*
> *Claro que* **a ti** *no* **te** *interesa.*

- Eliminar ambigüedades de la tercera persona:

> **Se** *lo diré* **a él** *(ella / ellos / ellas / usted / ustedes).*

• Esta forma enfática no puede sustituir a la forma básica, con el pronombre sin preposición, que es suficiente:

> **Me** *gusta bailar.* (Es forma básica y suficiente.)
> **A mí me** *gusta bailar.* (Es forma enfática.)

Pero sería imposible: **A mí** *gusta bailar.*

Observación:

El **complemento directo de persona** en su uso enfático lleva la preposición **a:**

> **A ti** *y al niño ahora os encuentro muy bien.*
> **A mí** *mis padres me querían mucho.*

5 ORDEN DE LOS PRONOMBRES EN LA FRASE

En una misma frase pueden aparecer diferentes pronombres y se colocan con un determinado orden:

- **El pronombre SE precede a todas las demás formas:**

> **Se me** *ha caído.*
> **Se lo** *dije ayer.*
> **Se la** *quitó rápidamente.*

- **El pronombre complemento indirecto siempre precede al pronombre complemento directo:**

Me lo traes.

6 COLOCACIÓN EN RELACIÓN CON EL VERBO

■ *Antes del verbo*

Normalmente los pronombres van antes del verbo:

> *Me lo* dices.
> *A mí* no *me* importa.

■ *Posición enclítica*

• Cuando el verbo está en **infinitivo, gerundio o imperativo**, los pronombres toman una posición enclítica, es decir que van después del verbo y unidos a éste:

> *No puedo hacer***lo.**
> *Estoy contándo***les** *la historia.*
> *Haz***me** *reír.*

• La colocación enclítica se produce también cuando el verbo está en **presente de subjuntivo**, si este verbo comienza la frase e indica un mandato o un deseo, es decir, tiene valor de imperativo:

> *Nó***tese** *que el pronombre se emplea después.*

■ Posición enclítica con infinitivos y gerundios

• Con los infinitivos y gerundios simples y compuestos, la forma pronominal es enclítica y debe, en las formas compuestas, colocarse después del auxiliar:

> *De haber***lo** *sabido antes, habría sido más fácil.*
> *Habiéndo***se** *retirado el agua pudimos pasar.*
> *Armándo***se** *de valor respondió.*

• Cuando el infinitivo o el gerundio van precedidos de otro verbo conjugado, los pronombres pueden colocarse o después del infinitivo o gerundio, o delante del verbo conjugado. Así son equivalentes:

> *Quiero ver***te.**   ***Te*** *quiero ver.*
> *Pienso dár***selo.**   ***Se lo*** *pienso dar.*
> *Estoy explicándo***les.**   ***Les*** *estoy explicando.*

■ Posición enclítica con los imperativos

Esta posición no se emplea con los imperativos de prohibición o negativos que son, realmente, presentes de subjuntivo:

> *Da***me** *la mano.*   *No* ***me*** *des la mano.*
> *Pónte***lo.**   *No* ***te lo*** *pongas.*

■ Modificaciones del imperativo debidas al empleo enclítico de los pronombres

• Desaparece la **-s** de la primera persona del plural cuando va seguida de **nos** o **se**:

$$Olvidemos + \textbf{\textit{nos}} \longrightarrow Olvidémo\textbf{\textit{nos}}.$$
$$Digamos + \textbf{\textit{se lo}} \longrightarrow Digámo\textbf{\textit{selo}}.$$

• Desaparece la **-d** final de la segunda persona de plural cuando la sigue **os**:

$$Decidid + \textbf{\textit{os}} \longrightarrow Decid\textbf{\textit{íos}}.$$
$$Levantad + \textbf{\textit{os}} \longrightarrow Levanta\textbf{\textit{os}}.$$

Excepción: **Id** (de **ir**) que conserva la **-d**:

$$Id + \textbf{\textit{os}} = Id\textbf{\textit{os}}$$

■ Acentuación de las formas enclíticas

La forma enclítica no modifica el acento tónico de la forma conjugada del verbo; pero el acento escrito aparece conforme a las reglas de acentuación (*véase Normas, cap. 3,* Reglas de acentuación, *pág. 17*):

Compra,	pero	**Cómpralo.**
Di, dime,	pero	**Dímelo.**

0 Los numerales

Pueden ser adjetivos o pronombres:

*Tengo **cuatro** hermanas (adjetivo).*
*Las **cuatro** viven en Madrid (pronombre).*

Son CARDINALES si corresponden a la serie de los números:

uno, dos, tres, cuatro...

Son ORDINALES si precisan el lugar que ocupa el nombre en una serie:

primero, segundo, tercero...

1 LOS CARDINALES

	10 diez	20 veinte	100 cien
1 uno	11 once	21 veintiuno	101 ciento uno
2 dos	12 doce	22 veintidós	200 doscientos, as
3 tres	13 trece	30 treinta	300 trescientos, as
4 cuatro	14 catorce	40 cuarenta	400 cuatrocientos, as
5 cinco	15 quince	50 cincuenta	500 quinientos, as
6 seis	16 dieciséis	60 sesenta	600 seiscientos, as
7 siete	17 diecisiete	70 setenta	700 setecientos, as
8 ocho	18 dieciocho	80 ochenta	800 ochocientos, as
9 nueve	19 diecinueve	90 noventa	900 novecientos, as

1 000 = mil
2 000 = dos mil
10 000 = diez mil
100 000 = cien mil

1 000 000 = un millón
10 000 000 = diez millones
1 000 000 000 = mil millones
1 000 000 000 000 = un billón

2 LOS ORDINALES

1° primero	11° undécimo	30° trigésimo	100° centésimo
2° segundo	12° duodécimo	40° cuadragésimo	200° ducentésimo
3° tercero	13° decimotercero	50° quincuagésimo	300° tricentésimo
4° cuarto	14° decimocuarto	60° sexagésimo	400° cuadringentésimo
5° quinto	15° decimoquinto	70° septuagésimo	500° quingentésimo
6° sexto	16° decimosexto	80° octagésimo	600° sexcentésimo
7° séptimo	17° decimoséptimo	90° nonagésimo	700° septingentésimo
8° octavo	18° decimoctavo		800° octingentésimo
9° noveno	19° decimonoveno		900° noningentésimo
10° décimo	20° vigésimo		1000° milésimo

10 Los numerales

1 LOS CARDINALES

■ *Generalidades*

• Los números se combinan por orden decreciente:

1 124 356   *un millón ciento veinticuatro mil trescientos cincuenta y seis.*

• La conjunción **y** sólo se pone, en los números compuestos, entre las decenas y las unidades:

         Cuarenta y cinco *estudiantes.*
Pero: ***Quinientos tres*** *soldados.*

• A partir de *treinta y uno*, hasta *noventa y nueve*, los números se escriben en dos palabras separadas por la conjunción **y**. Mientras que hasta esa cifra se escriben en una sola palabra:

         *Tú tienes **veintidós** años.*
         *Y yo **treinta y tres**.*

• Los adjetivos o pronombres numerales cardinales son **invariables**:

         *Tenía **cinco** hijos y **cinco** hijas.*

■ Excepciones a la invariabilidad

• **UNO(A)** y las decenas en que se combina:

         *Sólo tiene **una** corbata*
         *¿Quieres caramelos? -Sí, quiero **uno**.*
         *Tiene treinta y **una** camisas.*

• Cuando los numerales se utilizan como sustantivos:

         *Han salido cinco **sietes** seguidos.*
         *Ganó varios **miles** de pesetas.*

• Las centenas desde doscientos(as) hasta novecientos(as):

         *Mil **doscientas** pesetas.*

• **UNO** se apocopa:

- Ante un nombre masculino:

         *Dame **un** kilo de azúcar.*

- Cuando viene combinado en decenas ante un nombre masculino:

> **Veintiún** caballos.
> Cuarenta y **un** países firmaron el convenio.

- Cuando viene colocado delante de mil:

> Quinientos **un** mil marcos (501 000).

•**CIENTO** se apocopa:

- Ante otro número:

> **cien** mil duros
> **cien** millones de pesetas.

- Ante un nombre masculino o femenino:

> Formaron grupos de **cien** estudiantes.
> Tiene más de **cien** cabras.

Y puede intercalárseles un adjetivo:

> Le acompañaban **cien** pobres soldados.

- Suele apocoparse en la locución **cien por cien** (100%), pero no en las demás expresiones del porcentaje: diez por ciento (10%), tres por ciento (3%), etc.

- También se apocopa en formas usuales cuando el nombre al que se refiere queda claramente sobrentendido:

> una moneda de **cien** (pesetas).

2 LOS ORDINALES

Generalidades

•**Los ordinales concuerdan en género y en número con el nombre:**

> La **segunda** representación fue la mejor.

•En la lengua oral sólo se usan hasta **décimo**; a partir de ahí se usa el cardinal correspondiente:

> A partir del siglo **once** empezaron a construir castillos.

•**Primero y tercero** se apocopan delante de un nombre masculino singular:

> El **primer** amor no se olvida nunca.
> Subió al **tercer** piso.

*L*os indefinidos

Los indefinidos constituyen una clase de palabras con valor de adjetivo, pronombre o adverbio, que dan al nombre al que califican o sustituyen un valor indeterminado: cuantitativo, cualitativo o intensivo.

1 EXPRESAN UNA CANTIDAD INDETERMINADA O INEXISTENTE

ALGO
Es algo interesante.

ALGUIEN
Alguien me lo ha dicho.

ALGUNO (-A, -OS, -AS)
He visto (a) alguno.

NADA
No tengo nada que decirte.

NADIE
No conozco a nadie.

NINGUNO (-A, -OS, -AS)
No he oído hablar de ninguno.

2 EXPRESAN DIVERSIDAD, IGUALDAD, CUALIDAD O INTENSIDAD

Diversidad:

OTRO (-A, -OS, -AS)	*Éste no me gusta; dame otro.*
DEMÁS	*Olvídate de los demás.*
DIFERENTE(-S)	*En diferentes ocasiones tuvimos que intervenir.*
DIVERSO (-A, -OS, -AS)	*Trabajaban sobre diversos proyectos.*
VARIO (-A, -OS, -AS)	*Has mentido en varias ocasiones.*

Igualdad, cualidad o intensidad:

MISMO (-A, -OS, -AS)	*Tengo las mismas que tú.*
TAL (-ES)	*Nunca había visto tal miseria.*
IGUAL (-ES)	*Se expresaban con igual fuerza.*
SEMEJANTE (-S)	*Semejante falta no debe repetirse.*
PROPIO (-A, -OS, -AS)	*El propio alcalde me lo contó.*

3 EXPRESAN DISTRIBUCIÓN O INDIFERENCIA, CANTIDAD O INTENSIDAD

Distribución o indiferencia:

CADA	*Cada día cambia de traje.*
CADA UNO (UNA)	*Dele un pastel a cada uno.*
CADA CUAL	*Cada cual a lo suyo.*
QUIENQUIERA QUE	*Quienquiera que llame, no respondas.*
CUALQUIERA (CUALQUIER)	*No quería casarse con cualquier mujer.*

Cantidad o intensidad:

UNO (-A, -OS, -AS)	*¿Qué puede hacer uno en tal caso?*
UNOS (-AS) CUANTOS (-AS)	*Sólo conocía a unas cuantas.*
BASTANTE (-S)	*Eran bastantes los que esperaban.*
DEMASIADO (-A, -OS -AS)	*Bebía demasiada cerveza.*
MUCHO (-A, -OS, -AS)	*Muchos se fueron después de la comida.*
POCO (-A, -OS, -AS)	*Pocos se quedaron con nosotros.*
TODO (-A, -OS, -AS)	*Todo me interesa.*

Los indefinidos

1 EXPRESAN UNA CANTIDAD INDETERMINADA O INEXISTENTE

■ *Generalidades*

Algo, **alguien** y **alguno** se usan en frases afirmativas.
Nada, **nadie** y **ninguno** en frases negativas.
Algo se opone a **nada**, **alguien** a **nadie** y **alguno** a **ninguno**.

■ ALGO

•**Es pronombre indefinido neutro** con función sustantiva; sirve para designar un objeto indeterminado o una acción indefinida.
•Si no es pronombre, lo sigue un adjetivo y el verbo que concierta con él va en tercera persona de singular:

> *Voy a hacer **algo**.*
> ***Algo** curioso me llamó la atención (un hecho curioso).*

•Puede ser sinónimo de *un poco*:

> *Esta chica es **algo** creída.*

•**Algo de** indica una cantidad reducida:

> *He estudiado **algo de** gramática.*

■ NADA

•**Es pronombre indefinido neutro** opuesto a *algo* y *todo*:

> *¿Quieres **algo**?*
> *No, no quiero **nada**.*

•Si no es pronombre, lo sigue un adjetivo y el verbo que concierta con él va en tercera persona de singular:

> *No me ha ocurrido **nada** bueno desde hace más de un año.*

■ ALGUIEN

•**Es siempre masculino y no tiene plural**; actúa en la frase como sustantivo.
•Se refiere siempre a persona indeterminada, nunca a cosa o animal:

> *Búscame a **alguien** que pueda hacerlo.*

•Puede tener valor partitivo:

*¿Hay aquí **alguien** de su familia?*

Pero si designa a un individuo entre diferentes elementos se le sustituye por **alguno**:

Así: ***Alguno de** ellos lo sabrá.* Y no: *Alguien de...*

■ NADIE

•**Es invariable y lleva el verbo en singular**; actúa en la frase como sustantivo.

•Se refiere siempre a persona, nunca a cosa:

***Nadie** lo conoce.*

•Cuando va después del verbo, éste debe ir en forma negativa:

*¿**No** habéis visto a **nadie**?*

■ ALGUNO (-A, -OS, -AS)

•Si es pronombre indefinido, se refiere a una(s) persona(s) o cosa(s) indeterminada(s):

*Entre todos estos libros, quizás encuentres **alguno** que te guste.*

En este caso tiene valor partitivo y designa a una(s) persona(s) o un(os) objeto(s) de un grupo:

*Debes escribir a **alguna de** estas direcciones.*

•Si es adjetivo, en masculino singular tiene forma apocopada, **algún**:

*¿Tiene usted **algún** enemigo?*

•En plural expresa una cantidad imprecisa pero no muy abundante:

*Se han reunido **algunos** estudiantes.*

•Pospuesto al nombre en frases negativas equivale a *ninguno*:

*No encuentro solución **alguna** que proponeros.*

■ NINGUNO (-A, -OS, -AS)

•Es pronombre o adjetivo indefinido negativo y se opone a *todos* o a *alguno*. Su plural es muy poco usado:

*¿Has estudiado **algunos** capítulos?*
*Sí, pero todavía no sé **ninguno**.*

•Si es adjetivo, en masculino singular tiene forma apocopada, **ningún**:

*No quiero estudiar **ningún** otro texto.*

2 EXPRESAN DIVERSIDAD, IGUALDAD, CUALIDAD O INTENSIDAD

■ *Expresan fundamentalmente diversidad*

■ **OTRO (-A, -OS, -AS)**

•Es adjetivo o pronombre indefinido. No se emplea con el artículo indeterminado, pero sí con el determinado:

> *Quisiera que me dieras **otro**.*
> *Dame **otro** cigarrillo.*
> *Ya han traído **la otra** caja.*

•Se coloca delante cuando acompaña a un numeral:

> *Huyeron los **otros seis**.*

•Con *alguno* o *ninguno*, se coloca detrás:

> *Tuvimos que inventar **alguna otra** estratagema.*

■ **DEMÁS**

•**Es invariable** y significa *el resto*. Como sustantivo, empleado con el artículo **los** o **las**, designa a personas:

> *Me presentaste a algunos, pero a **los demás** no los conozco.*
> ***Los demás** se han ido.*

•Puede emplearse con el artículo neutro y designa cosas:

> *He olvidado todo **lo demás**.*

•También puede emplearse sin artículo en una enumeración, detrás de *y*:

> *Han venido Rosa, Mario **y demás** familia.*

•Como adjetivo acompaña a nombres en plural:

> ***Los demás** invitados no pudieron entrar.*

■ **DIFERENTE (-S), DISTINTO (-A, -OS, -AS), DIVERSO (-A, -OS, AS), VARIO (-A, -OS, -AS)**

Con valor de indefinidos van siempre precediendo al nombre:

> *En **diferentes** ocasiones, trabajaron sobre **diversos** proyectos.*

■ *Expresan fundamentalmente igualdad*

■ **MISMO (-A, -OS, -AS)**

•Marca la identidad y es pronombre indefinido:

*Tenemos **los mismos***.

- O adjetivo: *Tenemos **los mismos** zapatos*.

- Precedido de un sustantivo marca un valor enfático:

    *El profesor **mismo** ignora estos detalles*.

■ **TAL (-ES)**

- Se emplea como adjetivo demostrativo y marca identidad:

    *De **tal** palo, **tal** astilla*.

- Como adjetivo no va precedido del artículo:

    *En **tal** caso, no sabemos cómo reaccionar*.

- Seguido de nombre de persona y precedido del artículo indeterminado, tiene valor de *cierto*:

    *Me lo ha dicho **un tal** Fernando*.

■ **IGUAL (-ES) y SEMEJANTE (-S)**

Como adjetivos no van precedidos del artículo indeterminado:

    *Saludaba a todos con **igual** cortesía.*
    *Recibía a todos con **semejante** alegría.*

■ **PROPIO (-A, -OS, -AS)**

Tiene un valor enfático y equivale a *mismo*:

    ***El propio** general comía con los soldados*.

---

3 **EXPRESAN DISTRIBUCIÓN O INDIFERENCIA, CANTIDAD O INTENSIDAD**

■ *Expresan fundamentalmente distribución*

■ **CADA**

Individualiza y distribuye dentro de un grupo. **Es invariable** y funciona como adjetivo:

    *Entregaron un fusil a **cada** combatiente.*
    ***Cada** oveja con su pareja.*

■ **CADA UNO (CADA UNA), CADA CUAL**

- Son pronombres indefinidos compuestos; **no tienen variación de número**:

> *Recordaba **cada uno** de los momentos felices de su vida.*

• Designan a un individuo dentro de un grupo. **Cada cual** se emplea menos que *cada uno*:

> *Que lo haga **cada cual** como pueda.*

■ QUIENQUIERA QUE

Sólo se usa seguido de **que + subjuntivo** y equivale a *cual sea la persona que*; indica indiferencia:

> *No prestes dinero, **quienquiera que** te lo pida.*

El plural *quienesquiera* no se usa en la lengua actual.

■ CUALQUIERA (CUALESQUIERA)

• Es pronombre indefinido que marca indiferencia:

> ***Cualquiera** comprende estos detalles.*

• Como adjetivo tiene una forma apocopada cuando va delante de un sustantivo, tanto masculino como femenino, que es **cualquier**:

> ***Cualquier** niño / **Cualquier** niña entiende estas cosas.*

• Cuando va pospuesto puede cobrar un valor peyorativo:

> *No eres tú una **cualquiera**.*

• **CUALQUIERA QUE** va siempre seguido del **verbo en subjuntivo**:

> ***Cualquiera que** sea tu opinión no la comparto.*

■ *Expresan fundamentalmente cantidad*

■ UNO (-A)

• Pronombre indefinido personal; sirve para representar a la persona que habla:

> *En tales circunstancias, **una** imagina cosas horribles.*

• **UNOS (-AS) y UNOS (-AS) CUANTOS (-AS)** representan un número reducido de personas o cosas y equivalen a *algunos*:

> *Le dieron **unas (cuantas)** camisas para el verano.*
> ***Unos (cuantos)** lagartos habían salido de sus agujeros.*

■ BASTANTE (-S), / DEMASIADO (-A, -OS, -AS)
MUCHO (-A, -OS, -AS), / POCO (-A, -OS, -AS),

• Pueden ser adjetivos y concuerdan en género y número salvo **bastante** que sólo tiene plural:

*No tengo **bastantes** amigos para formar un equipo de fútbol.*
*Llevaba **demasiado** peso para correr.*
*Trabaja con **mucho** entusiasmo.*
***Pocas** flores crecen en el desierto.*

•Cuando son pronombres o adverbios son invariables:

*Trabaja **demasiado**.*
*No insiste **bastante**.*

■ TODO (-A, -OS, -AS)

•Empleado como adjetivo precede al nombre y puede intercalarse entre los dos un artículo, un posesivo, un demostrativo o la palabra *uno*:

*He trabajado **todo** el domingo.*
*Has contado **todos** tus billetes.*
*No he terminado **todo** este trabajo.*
*Para contar las estrellas no bastaría **toda** una vida.*

•En singular equivale a *entero, completo*:

*He leído **todo** el libro.*

•En plural expresa la totalidad de los elementos citados:

***Todos** tus libros son del mismo autor.*

•Cuando precede directamente al sustantivo, equivale a *cualquiera*:

***Todo** trabajo merece salario (cualquier trabajo).*

•**Todo + adj.** equivale a *muy* en lenguaje coloquial:

*Ha dejado la plata **toda** reluciente.*

•**Todo un, toda una** significa *auténtico, completo*:

*Ya eres **todo un** hombre.*

•Empleado como pronombre indefinido expresa la totalidad de los elementos citados:

***Todos** dijeron que no se acordaban.*

•Puede ser neutro:

***Todo** está acabado.*

•Cuando **todo** neutro funciona como complemento directo o atributo, debe normalmente emplearse reforzado por el pronombre neutro **lo**:

*Él **lo** es **todo** para mí.*
*Ahora **lo** sé **todo**.*
*No quiero hacer**lo todo**.*

Los pronombres relativos

- Los pronombres relativos establecen una relación entre dos oraciones, sustituyen a un *antecedente* y evitan su repetición. La oración que introducen se llama *de relativo o adjetiva*:

> Mi **amigo** tiene un coche.
> Mi **amigo** pasa a recogerme.
> Mi **amigo, que** tiene un coche, pasa a recogerme.
> ▲
> antecedente

- Los pronombres relativos desempeñan en la oración las funciones que corresponden a un nombre, un pronombre o un adjetivo.

- Tienen formas simples, compuestas o posesivas.

SIMPLES

1 QUE
Es invariable:
*El chico **que** llega es mi primo.*
*Me gustan las chicas **que** llevan falda.*

2 QUIEN
No tiene femenino pero sí plural (QUIENES).
Incluye un contenido de persona, nunca de cosa:
*Los niños con **quienes** iba a la escuela le acusaron.*

3 CUANTO
Tiene femenino, plural y neutro
(CUANTA, CUANTOS, CUANTAS, CUANTO).
Equivale a *todo + artículo + que*:
*No pudieron intervenir **cuantos** querían.*
*No pudieron intervenir **todos los que** querían.*

COMPUESTOS

4 EL QUE
Tiene femenino, plural y neutro
(LA QUE, LOS QUE, LAS QUE, LO QUE):
*Es un gran sacrificio para **los que** trabajan.*

5 EL CUAL
Tiene femenino, plural y neutro
(LA CUAL, LOS CUALES, LAS CUALES, LO CUAL).
Es siempre explicativo:
*Dio un portazo, **lo cual** no es muy correcto.*

POSESIVOS

6 CUYO
Tiene femenino y plural
(CUYA, CUYOS, CUYAS).
Establece una relación de posesión:
*Los estudiantes **cuyo** profesor falta no progresan.*
(Es el profesor de los estudiantes.)

- Las oraciones introducidas por pronombres relativos son:

ESPECIFICATIVAS si sirven para especificar o seleccionar las características de un grupo o de una parte del antecedente:

> *Tuve que cambiar los neumáticos **que estaban gastados.***
> *(No todos los neumáticos, sólo los usados.)*

EXPLICATIVAS si sirven para explicar o precisar las características de la totalidad del antecedente:

> *Tuve que cambiar los neumáticos**, que estaban gastados.***
> *(Todos los neumáticos; y porque estaban usados.)*
> *Cuando la oración es explicativa, el relativo va siempre separado por una pausa en la expresión oral y precedido de una coma en la escrita.*

12 a *L*os pronombres relativos

1 QUE

•**Es invariable, se coloca al principio de la oración y se refiere tanto a personas como a cosas:**

> Las personas *que* comen demasiado engordan.
> El edificio *que* vemos fue construido en el siglo quince.

•**Introduce tanto oraciones especificativas como explicativas:**

> Los estudiantes *que* repasaron tuvieron buenas notas.
> (Únicamente los que repasaron: especificativa.)
> Los estudiantes, *que* repasaron, tuvieron buenas notas.
> (Todos los estudiantes; y porque repasaron: explicativa.)

•**Si introduce una oración explicativa, puede ser sustituido por el cual:**

> Los soldados, *que* estaban durmiendo, no los sintieron venir.
> Los soldados, *los cuales* estaban durmiendo, no los sintieron venir.

•**Desempeña, dentro de la oración subordinada, todas las funciones de un nombre menos la de objeto indirecto, que corresponde a quien o el que:**

> Ha vuelto el perro *al que* di de comer.

•**Generalmente no se emplea con preposiciones (se usa el que, quien o el cual a este efecto) pero su empleo es posible tras las preposiciones a, con, de, en, por únicamente en oraciones especificativas:**

> No tengo dinero *con que* pagarte.
> No recuerdo todas las cosas *de que* hablaste.
> Vive muy lejos de la empresa *en que* trabaja.

2 QUIEN

•**Tiene plural y siempre corresponde a una persona:**

> Los amigos con *quienes* íbamos de vacaciones tuvieron un accidente.

•**Puede emplearse sin antecedente expreso; en ese caso sustituye al concepto *persona*:**

> *Quien* va a Sevilla pierde su silla.
> No olvidaba a *quienes* le habían recibido.

•**Si tiene un antecedente expreso, su empleo es imposible como sujeto de una oración especificativa:**

Es imposible: *Los empleados quienes hacen horas extraordinarias son muy apreciados.*

Hay que decir: *Los empleados **que** hacen*

•Si las preposiciones que necesitan el verbo de la oración principal y el de la subordinada son diferentes, es necesario expresar un antecedente, sea un nombre o un pronombre demostrativo:

> *No imagino casarme **con aquel en quien** no tengo confianza.*
> *No imagino casarme **con una persona en quien** no tengo confianza.*
> *No me acuerdo **de aquel a quien** presté el libro.*

•Si las preposiciones que necesitan el verbo de la oración principal y el de la subordinada son idénticas, no se repite la preposición:

> *No quiero depender (de aquel) **de quien** necesito ayuda.*
> *Quiero casarme (con aquel) **con quien** sueño.*

3 CUANTO

•**Es pronombre relativo en su forma neutra** cuando equivale a *todo lo que:*

> *Te contaré **cuanto** ella me diga.*

•**CUANTOS Y CUANTAS** son pronombres relativos y equivalen a *todos los que, todas las que:*

> *Se indignaron **cuantos** asistieron a la ejecución.*

•**CUANTO Y CUANTA** funcionan como adjetivos cuando van seguidos de un nombre y equivalen a *todo* + artículo + nombre + *que:*

> *Podréis beber **cuanta** cerveza queráis.*
> *Podréis beber **toda la** cerveza **que** queráis.*

4 EL QUE

•**Tiene variaciones de género (masculino, femenino, neutro) y de número: LA QUE, LOS QUE, LAS QUE, LO QUE. Se refiere tanto a personas como a cosas:**

> *Estas zanahorias y **las que** cultiva mi padre son las mejores.*
> *No conozco a todos **los que** han venido.*
> *Eso no es en **lo que** quedamos.*

•Puede emplearse sin antecedente expreso y desempeñar el oficio de un sustantivo:

> ***Los que** no deseen dormir podrán ir al cine.*
> ***Las que** vendemos son las mejores.*

- En ese caso el adjetivo *todo* puede preceder al artículo:

> *Conozco a **todos los que** han trabajado sobre el proyecto.*

- El artículo puede sustituirse por un demostrativo:

> *Conozco a **aquellos que** han trabajado sobre el proyecto.*

- **EL QUE** se emplea tras preposición en oraciones tanto especificativas como explicativas:

> *Era un comerciante **con el que** manteníamos relaciones.*
> *Vivía como uno de los lobos, **entre los que** había escogido vivir.*
> *Eran leyes **contra las que** se había rebelado.*
> *Adoran imágenes, **a las que** prestan poderes mágicos.*

- Tras preposición, **el que** es sustituible por **el cual**:

> *Hay virtudes **en las cuales** debemos confiar.*

- Si las preposiciones que necesita el verbo de la oración principal y el de la subordinada son diferentes, es necesario expresar un antecedente:

> *Estoy harto **de aquellos con los que** pasamos las fiestas.*

- Si las preposiciones que necesita el verbo de la oración principal y el de la subordinada son idénticas, no hay que expresar el antecedente:

> *Conozco (a aquel) **al que** quieres.*
> *Tengo confianza (en esos, aquellos) **en los que** piensas.*

5 EL CUAL

- **Varía en género y número y tiene neutro: LA CUAL, LOS CUALES, LAS CUALES, LO CUAL. Se refiere tanto a personas como a cosas.**

- Tras preposición desempeña el mismo oficio que **el que**:

> *Ahora llego al asunto **por el que** os he reunido.*
> *Ahora llego al asunto **por el cual** os he reunido.*

- Conviene emplear **EL CUAL**:

- Cuando va precedido de un adverbio y una preposición:

> *La jaula tenía gruesas rejas **a través de las cuales** los niños miraban a un gorila.*
> *Construyó una torre **encima de la cual** puso una veleta.*

- Cuando va precedido de un nombre que define una parte o un grupo del antecedente:

> *Los espectadores, **la mayoría de los cuales** ya habían visto la película, reían a carcajadas.*
> *Te prestaré muchos libros, **de los cuales** seleccionarás los mejores.*

- Cuando el antecedente está demasiado alejado del pronombre y para evitar ambigüedades:

> *Fueron a una casa donde vivían sus amigos, **la cual** estaba muy alejada del centro.*

6 CUYO

•**Funciona a la vez como relativo y como adjetivo posesivo. Se emplea tanto para personas como para cosas.**

•Establece una relación de posesión entre el antecedente (el poseedor) y el nombre que representa el objeto poseído:

> *El señor **cuyo** perro ladra se enfada.*

•Concuerda en género y número con el nombre que representa el objeto poseído (**CUYA, CUYOS, CUYAS**):

> *Ese amigo mío **cuya** hija te gusta es militar.*

•Funciona como un relativo seguido de un adjetivo posesivo, pero la transformación de **cuyo = *que + su +* nombre**:

> *Conozco a aquella chica que su padre es profesor,*

que se oye muy a menudo en el habla coloquial, es incorrecta.

•Se utiliza muy poco en el lenguaje hablado. Su uso está prácticamente restringido al lenguaje escrito.

•Como hace el oficio de adjetivo posesivo no puede ir separado por determinantes del nombre al que acompaña y con el cual concuerda:

Sería imposible:

> *El señor cuyo su perro muerde se enfada.*
> *El señor cuyo el perro muerde se enfada.*

Hay que escribir:

> *El señor **cuyo** perro muerde se enfada.*

12 b *I*nterrogativos y exclamativos

Los pronombres relativos se usan también como interrogativos o exclamativos.

1 LOS INTERROGATIVOS

■ *Generalidades*

Ocupan generalmente el primer lugar de la oración y sólo pueden ir precedidos de una preposición o locución equivalente. **Siempre llevan acento ortográfico**.

■ **¿QUÉ? Es invariable**; puede actuar como pronombre neutro y se refiere siempre a cosas. Equivale a *¿Qué cosa?*:

> *¿**Qué** pasa?*
> *¿**Qué** estás estudiando?*
> *¿**En qué** te habrás metido?*
> *¿**De qué** te quejas?*

• Si actúa como adjetivo puede referirse tanto a personas como a cosas:

> *¿**Qué** ministro inauguró el centro de investigación?*
> *¿**Qué** barco vamos a coger?*

• Puede corresponder a *¿Qué clase de* + sustantivo?:

> *¿**Qué** hombre eres tú? (¿Qué clase de hombre eres tú?)*

■ **¿QUIÉN? Tiene solamente variación de número: QUIÉNES.** Sólo actúa como pronombre y se refiere siempre a personas:

> *¿**Quién** te lo ha dicho?*
> *¿**Quiénes** son estos señores?*
> *¿Con **quién** piensas ir al cine?*

■ **¿CUÁNTO? Tiene variaciones de género y de número: CUÁNTA, CUÁNTOS, CUÁNTAS**.
Expresa siempre la cantidad y puede actuar como pronombre y como adjetivo:
> *¿**Cuánto** cuestan estos libros?*
> *¿**Cuánto** tiempo hace que no nos hemos visto?*
> *¿**En cuántos** países has vivido?*

■ **¿CUÁL? Tiene solamente variación de número: CUÁLES.** Puede usarse tanto para personas como para cosas y funciona como pronombre y como adjetivo.
• Identifica a una persona o una cosa de un grupo ya definido o conocido:

> *De estos discos, ¿**cuál** te gusta más?*

•Dado su carácter identificador, su uso es general en las estructuras siguientes:

- Interrogativo + ser + grupo nominal:

> *¿**Cuál es la diferencia** entre un castillo y un palacio?*
> *¿**Cuáles son los mejores** pasteles?*

- Interrogativo + de + grupo nominal:

> *¿**Cuál de los dos** prefieres?*

•Como adjetivo es muy poco usado y se sustituye por *qué*:

> *En vez de: ¿**Cuál** canción ha cantado?*
> *Se prefiere: ¿**Qué** canción ha cantado?*

---

2 LOS EXCLAMATIVOS

■ *Generalidades*

Siempre llevan acento ortográfico y signos de admiración.

■ **¡QUÉ!** En contexto exclamativo actúa como adjetivo y puede tener diferentes matices según los casos y la entonación.

•**Matiz cualitativo:**

> *¡**Qué** comida!*

Particularmente con **tan** o con **más** pone de relieve el adjetivo al que precede:

> *¡**Qué** chica **tan** guapa!*
> *¡**Qué** trabajo **más** fastidioso!*

•**Matiz peyorativo:**

> *¡**Qué** imbécil!*
> *¡**Qué** barbaridad!*

•**Matiz cuantificador** (equivale a *cuánto, cuán*):

> *¡**Qué** contento estoy! (¡Cuán contento estoy!)*
> *¡**Qué** sed tengo! (¡Cuánta sed tengo!)*

■ **¡QUÉ DE!** Insiste sobre la cantidad

> *¡**Qué de** tonterías has hecho!*
> *¡**Qué de** agua gastamos!*

■ **¡QUIÉN!** (forma singular). Se emplea con los tiempos pasados del subjuntivo para expresar en tercera persona:

- **Un gran deseo** (con imperfecto de subjuntivo):

  *¡**Quién** tuviera una moto! = ¡Ojalá tuviera yo una moto!*

- **Un pesar** (con pluscuamperfecto de subjuntivo o condicional compuesto):

  *¡**Quién** lo hubiera dicho!*
  *De haberlo sabido, ¡**quién** lo habría comprado!*

¡CUÁNTO! Expresa una cantidad

- Se emplea cuando tiene valor de *mucho*:

  *¡**Cuánto** lo siento!*

- Se apocopa (**cuán**) ante adjetivos o adverbios y equivale a *muy*, pero es muy poco usado:

  *¡**Cuán** difícil ha sido trabajar con él!*

- Con los nombres que expresan sensaciones es frecuentemente sustituido por *qué:*

  *¡**Cuánta** alegría me das! = ¡**Qué** alegría me das!*

La apócope

La apócope es la supresión de una o varias letras al final de una palabra. Esto se produce cuando algunos adjetivos o adverbios van colocados delante de un nombre, de un numeral, de un adjetivo o de un adverbio.

Adjetivos	Formas apocopadas	Situación	Ejemplo
Bueno Malo Primero Tercero Uno Alguno Ninguno	**Buen** **Mal** **Primer** **Tercer** **Un** **Algún** **Ningún**	Delante de un sustantivo masculino singular.	*Es un **buen** chico.* *Fue un **mal** día.* *Sacó el **primer** puesto.* *Se sentó en el **tercer** banco.* *Llegó con **un** minuto de retraso.* ***Algún** día lo sabré.* *No tengo **ningún** libro de ese autor.*
Cualquiera Grande	**Cualquier** **Gran**	Delante de un sustantivo singular masculino o femenino.	*Me encuentro bien en **cualquier** sitio.* *Trabaja en una **gran** empresa.*
Ciento	**Cien**	Delante de un sustantivo masculino o femenino. Delante de un número que multiplica.	*Vinieron más de **cien** personas.* ***Cien** mil manifestantes.*
Veintiuno	**Veintiún**	Delante de un sustantivo masculino plural.	*Ha cumplido **veintiún** años.*
Santo	**San**	Delante de un nombre propio masculino, excepto Ángel, Domingo, Tomás, Tomé, Toribio.	*El día de **San** José es un día festivo.*

Adverbios	Formas apocopadas	Situación	Ejemplo
Recientemente	**Recién**	Delante de un participio pasado usado como adjetivo.	*El **recién** nacido está muy bien.* *El café está **recién** hecho.*
Tanto	**Tan**	Delante de un adjetivo, un adverbio o una locución adverbial.	*Es **tan** listo como yo.*
Cuanto	**Cuan**	Delante de un adjetivo o de un adverbio.	*Se tumbó **cuan** largo era.*
Adverbios en -MENTE	Cuando dos adverbios terminados en -MENTE van seguidos, sólo el segundo mantiene esta forma. El primero se pone en la forma femenina del adjetivo.		*La responsabilidad es **exclusiva** y enteramente suya.*

Los diminutivos y los aumentativos

1 LOS DIMINUTIVOS

Los diminutivos son sufijos que añaden nuevos significados a los nombres, adjetivos e incluso a adverbios, participios y gerundios. Estos diminutivos son muy corrientes en la lengua coloquial.

Diminutivos con:	-ito, -ita, -itos, -itas -illo, -illa, -illos, -illas

Estos diminutivos forman palabras con el significado de disminución, aunque fundamentalmente tienen un valor afectivo.

■ *Formación de los diminutivos*

Palabras terminadas en:	Añaden el sufijo	Ejemplo
A (pierden la última letra) O (pierden la última letra)	-ito(s), -ita(s)	casa - *casita* libro - *librito*
Palabras terminadas en consonante, excepto N, R	Añaden el sufijo -ito(s), -ita(s)	ángel - *angelito*
Palabras terminadas en: E N R	Añaden el sufijo -cito(s), -cita(s)	café - *cafecito* sillón - *silloncito* calor - *calorcito*
Palabras de una sílaba o algunas palabras que llevan un diptongo acentuado	Añaden el sufijo -ecito(s), -ecita(s)	flor - *florecita* piedra - *piedrecita*

■ **Otras formas**

Sufijos que añaden el significado de menosprecio:

-**uelo** / -**uela**: *mujerzuela*
-**ucho** / -**ucha**: *casucha, animalucho*
-**acho** / -**acha**: *populacho, covacha.*

■ **Diminutivos regionales**

Existen también sufijos propios de algunas regiones de España:

-**ico**, -**ica** (Aragón, Murcia): *bonico*
-**ín**, -**ina** (Asturias): *hombrín*
-**iño**, -**iña** (Galicia): *pobriño*
-**ete**, -**eta** (Cataluña): *pobrete*
-**uco**, -**uca** (Cantabria): *cosuca.*

■ **Diminutivos de nombres propios**

Los nombres propios tienen, en contextos familiares, formas afectivas que a veces son diminutivos que siguen las reglas dadas:

Ángel: *Angelito.*
Carmen: *Carmencita.*
Elena: *Elenita.*

Pero frecuentemente las formas de estos diminutivos no siguen las reglas dadas y son formas apocopadas e incluso muy diferentes de los nombres:

Antonia: *Toñi.*
Carlos: *Carlitos.*
Concepción: *Concha, Conchita.*
Dolores: *Lola, Lolita.*
Enrique: *Quique.*
Francisco: *Paco, Paquito, Quico, Pancho, Curro.*
Jesús: *Chus, Suso.*
José: *Pepe, Pepito.*
Manuel: *Manolo, Manolito.*
María: *Mari, Maruja.*
María Isabel: *Maribel.*
María Jesús: *Chus, Susi.*
María Teresa: *Maite.*
Pedro: *Perico.*
Pilar: *Pili, Pilarín.*
Rafael: *Rafa, Rafi.*
Rosa: *Rosita, Rosi.*
Rosario: *Charo.*

... etc.

2 LOS AUMENTATIVOS

■ *Formación de los aumentativos*

• Los aumentativos más usados se forman con los siguientes sufijos:

-ón, -ona: *casón, casona*
-azo, -aza: *buenazo, caraza*
-ote, -ota: *librote, carota.*

• Además de su valor de aumentativo, estos sufijos añaden frecuentemente un matiz despreciativo:

solterón (soltero y con cierta edad)
hombrazo (hombre fornido)
palabrota (palabra grosera).

• También pueden añadir el significado de abundancia o de propensión a algo:

patriota (que ama a su patria)
burlón (inclinado a hacer burlas)
cabezota (muy obstinado).

■ Los sufijos en **-azo** y en **-ada** pueden expresar también la idea de un golpe dado con algo:

manotazo (golpe que se da con una mano)
codazo (golpe dado con el codo)
puñalada (golpe dado con el puñal)
cornada (golpe o herida producida con la punta del cuerno)
portazo (ruido de una puerta al cerrarse de golpe).

Observaciones a diminutivos y aumentativos:

• Adviértase que, por ser formaciones de tipo coloquial, hay muchas excepciones a todo lo dicho. Así, por ejemplo, en diminutivos encontramos:

- de *caliente*   ***calentito***
- de *pie*   ***piececito*,** etc.

• Y en los aumentativos, por ejemplo, una misma palabra puede adoptar diferentes sufijos:

- de *hombre*   ***hombrazo, hombrón, hombretón***
- de *fuerte*   ***fuertote*** y también ***fortachón***
- de *bueno*   ***buenazo*** y también ***bonachón*,** etc.

GRAMÁTICA
Capítulos **Normas**

Referencias
Ejercicios gramaticales

II. GRUPO NOMINAL Y PRONOMBRES.	NIVEL 1 págs.	NIVEL 2 págs.	NIVEL 3 págs.
4. El artículo.	9-10	9-10	10-12
5. El nombre o sustantivo.	11-12	11-13	13-15
6. El adjetivo.	13-15	14-16	16-19
7. Los demostrativos.	16-18	17-19	20-22
8. Los posesivos.	19-21	20-22	23-25
9. Los pronombres personales.	22-23	23-25	26-28
10. Los numerales.	24-26	26-28	29-32
11. Los indefinidos.	27-28	30-32	33-35
12a. Los pronombres relativos.	29-30	33-35	36-38
12b. Interrogativos y exclamativos.	29-30	33-35	36-38
13. La apócope.	31-32	36-38	39-41
14. Los diminutivos y los aumentativos.	31-32	36-38	39-41

Ejercicios Curso Práctico

III

Grupo verbal

A

A. *El verbo. La conjugación*

5

*L*a conjugación regular

1   FORMACIÓN DE LOS TIEMPOS SIMPLES

Estos tiempos se forman:

- con el radical del verbo:	presentes (indicativo, subjuntivo, imperativo), imperfecto de indicativo, pretérito indefinido o perfecto simple, gerundio y participio
- con el infinitivo:	futuro de indicativo, condicional
- con la tercera persona del plural del pret. indefinido (quitando la terminación **-ron**):	imperfecto y futuro de subjuntivo.

Observaciones:

•El modo imperativo no tiene más que dos formas propias:

- La segunda persona del singular, que corresponde (excepto en ciertos verbos irregulares) a la segunda persona del presente del indicativo quitando la **-s** de la terminación:

tú cantas ➤ *canta tú.*

- La segunda persona del plural, que se forma cambiando la **-r** final del infinitivo por **-d**:

cantar ➤ *cantad vosotros/as.*

•Las demás formas utilizadas para el imperativo pertenecen al presente de subjuntivo:

Pres. de subjuntivo   **Imperativo**

él / ella / usted	cante	*cante*	*él / ella / usted*
nosotros/as	cantemos	*cantemos*	*nosotros/as*
ellos / ellas / uds.	canten	*canten*	*ellos / ellas / ustedes*

FORMACIÓN DE LOS TIEMPOS SIMPLES

	Pres. de indicativo	Imperativo	Pres. de subjuntivo	Imperf. de indicativo	Pretérito indefinido	Imperfecto de subjuntivo	Futuro de subjuntivo	Futuro de indicativo	Condicional	Gerundio	Participio
	radical +	radical +	radical +	radical +	radical +			infinitivo +	infinitivo +	radical +	radical +
-ar	- o - as - a - amos - áis - an	- a - e - emos - ad - en	- e - es - e - emos - éis - en	- aba - abas - aba - ábamos - abais - aban	- é - aste - ó - amos - asteis - a [ron]	- ra o - se - ras o - ses - ra o - se - ramos o - semos - rais o - seis - ran o - sen	- re - res - re - remos - reis - ren	- é - ás - á - emos - éis - án	- ía - ías - ía - íamos - íais - ían	- ando	- ado
-er	- o - es - e - emos - éis - en	- e - a - amos - ed - an	- a - as - a - amos - áis - an	- ía - ías - ía - íamos - íais - ían	- í - iste - ió - imos - isteis - ie [ron]					- iendo	- ido
-ir	- o - es - e - imos - ís - en	- e - a - amos - id - an	- a - as - a - amos - áis - an								

FORMACIÓN DE LOS TIEMPOS COMPUESTOS

Todos los tiempos compuestos se forman con los tiempos simples del auxiliar **HABER*** y el participio del verbo que se conjuga. Así:

Pret. perfecto, modo indicativo, verbo **escribir**:

Yo he escrito, tú has escrito, etc.

Pret. pluscpf., modo subjuntivo, verbo **escribir**:

Yo hubiera escrito, tú hubieras escrito, etc.

* Véase la conjugación de los tiempos simples del verbo *Haber* en *Normas, cap. 17,* Cuadros de verbos irregulares de especial complejidad, *pág. 101.*

TIPOS Y MODELOS DE CONJUGACIÓN REGULAR

Los verbos se clasifican en tres grupos, según la terminación de los infinitivos:

Primera conjugación: Infinitivo terminado en **-AR**:

Mirar.

Segunda conjugación: Infinitivo terminado en **-ER**:

Comer.

Tercera conjugación: Infinitivo terminado en **-IR**:

Subir.

En páginas siguientes se ofrecen modelos completos de verbos regulares de las tres conjugaciones.

VERBOS REGULARES - PRIMER GRUPO: *MIRAR*

MODO INDICATIVO

PRESENTE	PRETÉRITO IMPERFECTO	PRETÉRITO INDEFINIDO (1)	FUTURO IMPERFECTO
miro	miraba	miré	miraré
miras	mirabas	miraste	mirarás
mira	miraba	miró	mirará
miramos	mirábamos	miramos	miraremos
miráis	mirabais	mirasteis	miraréis
miran	miraban	miraron	mirarán

PRETÉRITO PERFECTO	PRETÉRITO PLUSCUAMPERFECTO	PRETÉRITO ANTERIOR	FUTURO PERFECTO
he mirado	había mirado	hube mirado	habré mirado
has mirado	habías mirado	hubiste mirado	habrás mirado
ha mirado	había mirado	hubo mirado	habrá mirado
hemos mirado	habíamos mirado	hubimos mirado	habremos mirado
habéis mirado	habíais mirado	hubisteis mirado	habréis mirado
han mirado	habían mirado	hubieron mirado	habrán mirado

CONDICIONAL SIMPLE	CONDICIONAL COMPUESTO
miraría	habría mirado
mirarías	habrías mirado
miraría	habría mirado
miraríamos	habríamos mirado
miraríais	habríais mirado
mirarían	habrían mirado

MODO SUBJUNTIVO

PRESENTE	PRETÉRITO IMPERFECTO	FUTURO IMPERFECTO (2)
mire	mirara o mirase	mirare
mires	miraras o mirases	mirares
mire	mirara o mirase	mirare
miremos	miráramos o mirásemos	miráremos
miréis	mirarais o miraseis	mirareis
miren	miraran o mirasen	miraren

PRETÉRITO PERFECTO	PRETÉRITO PLUSCUAMPERFECTO	FUTURO PERFECTO (3)
haya mirado	hubiera o hubiese mirado	hubiere mirado
hayas mirado	hubieras o hubieses mirado	hubieres mirado
haya mirado	hubiera o hubiese mirado	hubiere mirado
hayamos mirado	hubiéramos o hubiésemos mirado	hubiéremos mirado
hayáis mirado	hubierais o hubieseis mirado	hubiereis mirado
hayan mirado	hubieran o hubiesen mirado	hubieren mirado

MODO IMPERATIVO

PRESENTE

mira	tú
mire	él/ella/usted
miremos	nosotros/as
mirad	vosotros/as
miren	ellos/ellas/ustedes

(1) o Perfecto simple. (2), (3) muy poco usados.

FORMAS NO PERSONALES

FORMAS SIMPLES

INFINITIVO	GERUNDIO	PARTICIPIO
mirar	mirando	mirado

FORMAS COMPUESTAS

INFINITIVO	GERUNDIO
haber mirado	habiendo mirado

VERBOS REGULARES - SEGUNDO GRUPO: *COMER*

MODO INDICATIVO

PRESENTE	PRETÉRITO IMPERFECTO	PRETÉRITO INDEFINIDO (1)	FUTURO IMPERFECTO
como	comía	comí	comeré
comes	comías	comiste	comerás
come	comía	comió	comerá
comemos	comíamos	comimos	comeremos
coméis	comíais	comisteis	comeréis
comen	comían	comieron	comerán

PRETÉRITO PERFECTO		PRETÉRITO PLUSCUAMPERFECTO		PRETÉRITO ANTERIOR		FUTURO PERFECTO	
he	comido	había	comido	hube	comido	habré	comido
has	comido	habías	comido	hubiste	comido	habrás	comido
ha	comido	había	comido	hubo	comido	habrá	comido
hemos	comido	habíamos	comido	hubimos	comido	habremos	comido
habéis	comido	habíais	comido	hubisteis	comido	habréis	comido
han	comido	habían	comido	hubieron	comido	habrán	comido

CONDICIONAL SIMPLE	CONDICIONAL COMPUESTO	
comería	habría	comido
comerías	habrías	comido
comería	habría	comido
comeríamos	habríamos	comido
comeríais	habríais	comido
comerían	habrían	comido

MODO SUBJUNTIVO

PRESENTE	PRETÉRITO IMPERFECTO		FUTURO IMPERFECTO (2)
coma	comiera	o comiese	comiere
comas	comieras	o comieses	comieres
coma	comiera	o comiese	comiere
comamos	comiéramos	o comiésemos	comiéremos
comáis	comierais	o comieseis	comiereis
coman	comieran	o comiesen	comieren

PRETÉRITO PERFECTO		PRETÉRITO PLUSCUAMPERFECTO		FUTURO PERFECTO (3)	
haya	comido	hubiera	o hubiese comido	hubiere	comido
hayas	comido	hubieras	o hubieses comido	hubieres	comido
haya	comido	hubiera	o hubiese comido	hubiere	comido
hayamos	comido	hubiéramos	o hubiésemos comido	hubiéremos	comido
hayáis	comido	hubierais	o hubieseis comido	hubiereis	comido
hayan	comido	hubieran	o hubiesen comido	hubieren	comido

MODO IMPERATIVO

PRESENTE

come	tú
coma	él/ella/usted
comamos	nosotros/as
comed	vosotros/as
coman	ellos/ellas/ustedes

FORMAS NO PERSONALES

FORMAS SIMPLES

INFINITIVO	GERUNDIO	PARTICIPIO
comer	comiendo	comido

FORMAS COMPUESTAS

INFINITIVO	GERUNDIO
haber comido	habiendo comido

(1) o Perfecto simple. (2), (3) muy poco usados.

VERBOS REGULARES - TERCER GRUPO: *SUBIR*

MODO INDICATIVO

PRESENTE	PRETÉRITO IMPERFECTO	PRETÉRITO INDEFINIDO (1)	FUTURO IMPERFECTO
subo	subía	subí	subiré
subes	subías	subiste	subirás
sube	subía	subió	subirá
subimos	subíamos	subimos	subiremos
subís	subíais	subisteis	subiréis
suben	subían	subieron	subirán

PRETÉRITO PERFECTO	PRETÉRITO PLUSCUAMPERFECTO	PRETÉRITO ANTERIOR	FUTURO PERFECTO
he subido	había subido	hube subido	habré subido
has subido	habías subido	hubiste subido	habrás subido
ha subido	había subido	hubo subido	habrá subido
hemos subido	habíamos subido	hubimos subido	habremos subido
habéis subido	habíais subido	hubisteis subido	habréis subido
han subido	habían subido	hubieron subido	habrán subido

CONDICIONAL SIMPLE	CONDICIONAL COMPUESTO
subiría	habría subido
subirías	habrías subido
subiría	habría subido
subiríamos	habríamos subido
subiríais	habríais subido
subirían	habrían subido

MODO SUBJUNTIVO

PRESENTE	PRETÉRITO IMPERFECTO	FUTURO IMPERFECTO (2)
suba	subiera o subiese	subiere
subas	subieras o subieses	subieres
suba	subiera o subiese	subiere
subamos	subiéramos o subiésemos	subiéremos
subáis	subierais o subieseis	subiereis
suban	subieran o subiesen	subieren

PRETÉRITO PERFECTO	PRETÉRITO PLUSCUAMPERFECTO	FUTURO PERFECTO (3)
haya subido	hubiera o hubiese subido	hubiere subido
hayas subido	hubieras o hubieses subido	hubieres subido
haya subido	hubiera o hubiese subido	hubiere subido
hayamos subido	hubiéramos o hubiésemos subido	hubiéremos subido
hayáis subido	hubierais o hubieseis subido	hubiereis subido
hayan subido	hubieran o hubiesen subido	hubieren subido

MODO IMPERATIVO

PRESENTE

sube	tú
suba	él/ella/usted
subamos	nosotros/as
subid	vosotros/as
suban	ellos/ellas/ustedes

FORMAS NO PERSONALES

FORMAS SIMPLES

INFINITIVO	GERUNDIO	PARTICIPIO
subir	subiendo	subido

FORMAS COMPUESTAS

INFINITIVO	GERUNDIO
haber subido	habiendo subido

(1) o Perfecto simple. (2), (3) muy poco usados.

6

La conjugación irregular

IRREGULARIDADES VOCÁLICAS

Todas las irregularidades que se dan en la conjugación española afectan a la raíz de los verbos.

No se consideran aquí irregulares los verbos que cambian alguna consonante ante la vocal **-e** o la vocal **-o** de la terminación. Son modificaciones ortográficas estudiadas en el capítulo 18.

■ *Verbos con la diptongación E -> IE*

■ *Primera conjugación*   **Cerrar**

pres. de indicativo	imperativo	pres. de subjuntivo
cierro		cierre
cierras	cierra	cierres
cierra	cierre ◄	cierre
cerramos	cerremos ◄	cerremos
cerráis	cerrad	cerréis
cierran	cierren ◄	cierren

Siguen esta irregularidad: *acertar, apretar, arrendar, atravesar, calentar, cegar, comenzar, concertar, confesar, desconcertar, despertar, desterrar, empezar, encerrar, encomendar, enmendar, enterrar, fregar, gobernar, helar, manifestar, merendar, negar, nevar, pensar, plegar, quebrar, recalentar, recomendar, recomenzar, regar, renegar, reventar, segar, sembrar, sentar, sosegar, temblar, tentar, tropezar,* etc.

■ *Segunda conjugación*   **Entender**

pres. de indicativo	imperativo	pres. de subjuntivo
entiendo		entienda
entiendes	entiende	entiendas
entiende	entienda ◄	entienda
entendemos	entendamos ◄	entendamos
entendéis	entended	entendáis
entienden	entiendan ◄	entiendan

Siguen esta irregularidad: *ascender, atender, condescender, defender, desatender, desentenderse, encender, extender, malquerer, perder, querer, sobre(e)ntender, tender, tra(n)scender,* etc.

■ *Tercera conjugación*   **Concernir**

pres. de indicativo	imperativo	pres. de subjuntivo
concierno		concierna
conciernes	concierne	conciernas
concierne	concierna ◄	concierna
concernimos	concernamos ◄	concernamos
concernís	concernid	concernáis
conciernen	conciernan ◄	conciernan

Siguen esta irregularidad: *discernir, cernir,* etc.

■ ***Verbos con la diptongación O -> UE***

■ *Primera conjugación*   **Costar**

pres. de indicativo	imperativo	pres. de subjuntivo
cuesto		cueste
cuestas	cuesta	cuestes
cuesta	cueste ◄	cueste
costamos	costemos ◄	costemos
costáis	costad	costéis
cuestan	cuesten ◄	cuesten

Siguen esta irregularidad: *acordar, acostar, almorzar, apostar, aprobar, avergonzar, colar, colgar, comprobar, concordar, consolar, contar, degollar, demostrar, desacordar, desaprobar, descolgar, descontar, despoblar, encontrar, esforzarse, forzar, mostrar, poblar, probar, recontar, recordar, reforzar, renovar, repoblar, reprobar, resonar, revolcar, rodar, rogar, sobrevolar, soldar, soltar, sonar, soñar, tostar, volar, volcar,* etc.

■ *Segunda conjugación*   **Morder**

pres. de indicativo	imperativo	pres. de subjuntivo
muerdo		muerda
muerdes	muerde	muerdas
muerde	muerda ◄	muerda
mordemos	mordamos ◄	mordamos
mordéis	morded	mordáis
muerden	muerdan ◄	muerdan

Siguen esta irregularidad: *absolver, cocer, conmover, desenvolver, devolver, disolver, doler, escocer, llover, moler, mover, oler*, poder, promover, recocer, remorder, remover, resolver, retorcer, soler, torcer, volver,* etc.

* El verbo **oler** tiene una conjugación particular: *huelo, hueles, huele, olemos, oléis, huelen.*

Verbos con la diptongación E -> IE y la transformación E -> I

Tercera conjugación **Advertir**

pres. de indicativo	imperativo	pres. de subjuntivo
advierto		advierta
adviertes	advierte	adviertas
advierte	advierta ◄	advierta
advertimos	advirtamos ◄	advirtamos
advertís	advertid	advirtáis
advierten	adviertan ◄	adviertan

pret. indefinido	imperf. de subjuntivo		gerundio
advertí	advirtiera	o advirtiese	advirtiendo
advertiste	advirtieras	o advirtieses	
advirtió	advirtiera	o advirtiese	
advertimos	advirtiéramos	o advirtiésemos	
advertisteis	advirtierais	o advirtieseis	
advirtieron	advirtieran	o advirtiesen	

Siguen esta irregularidad: *adherir, arrepentirse, conferir, consentir, convertir, deferir, desmentir, diferir, digerir, disentir, divertir, herir, hervir, inferir, ingerir, injerir, invertir, malherir, mentir, pervertir, preferir, proferir, referir, resentir, sentir, sugerir, tra(n)sferir,* etc.

Verbos con la diptongación O -> UE y la transformación O -> U

Tercera conjugación **Dormir**

pres. de indicativo	imperativo	pres. de subjuntivo
duermo		duerma
duermes	duerme	duermas
duerme	duerma ◄	duerma
dormimos	durmamos ◄	durmamos
dormís	dormid	durmáis
duermen	duerman ◄	duerman

pret. indefinido	imperf. de subjuntivo		gerundio
dormí	durmiera	o durmiese	durmiendo
dormiste	durmieras	o durmieses	
durmió	durmiera	o durmiese	
dormimos	durmiéramos	o durmiésemos	
dormisteis	durmierais	o durmiéseis	
durmieron	durmieran	o durmiesen	

También sigue esta irregularidad *morir* (y su participio, irregular, es *muerto*).

■ **Verbos que transforman E -> I**

■ *Tercera conjugación*   **Medir**

pres. de indicativo	imperativo	pres. de subjuntivo
mido		mida
mides	mide	midas
mide	mida ◄	mida
medimos	midamos ◄	midamos
medís	medid	midáis
miden	midan ◄	midan

pret. indefinido	imperf. de subjuntivo	gerundio
medí	midiera o midiese	midiendo
mediste	midieras o midieses	
midió	midiera o midiese	
medimos	midiéramos o midiésemos	
medisteis	midierais o midieseis	
midieron	midieran o midiesen	

Siguen esta irregularidad: *competir, concebir, conseguir, corregir, derretir, despedir, desteñir, desvestir, elegir, embestir, expedir, freír, gemir, impedir, investir, pedir, perseguir, proseguir, reelegir, regir, reír, rendir, reñir, repetir, revestir, seguir, servir, sonreír, travestir, vestir, etc.*

■ **Verbos que transforman I -> IE**

■ *Tercera conjugación*   **Adquirir**

pres. de indicativo	imperativo	pres. de subjuntivo
adquiero		adquiera
adquieres	adquiere	adquieras
adquiere	adquiera ◄	adquiera
adquirimos	adquiramos	adquiramos
adquirís	adquirid	adquiráis
adquieren	adquieran ◄	adquieran

Sigue esta irregularidad: *inquirir*.

■ **Verbo que transforma U -> UE**

■ *Primera conjugación*   **Jugar**

pres. de indicativo	imperativo		pres. de subjuntivo
juego			juegue
juegas	juega		juegues
juega	juegue	◄	juegue
jugamos	juguemos	◄	juguemos
jugáis	jugad		juguéis
juegan	jueguen	◄	jueguen

2 IRREGULARIDADES CONSONÁNTICAS

■ **Verbos terminados en -ACER, -ECER, -OCER, -UCIR que transforman C -> ZC delante de O y A**

■ ejemplo   **Conocer**

pres. de indicativo	imperativo		pres. de subjuntivo
conozco			conozca
conoces	conoce		conozcas
conoce	conozca	◄	conozca
conocemos	conozcamos	◄	conozcamos
conocéis	conoced		conozcáis
conocen	conozcan	◄	conozcan

Siguen esta irregularidad numerosos verbos: *abastecer, aborrecer, agradecer, aparecer, apetecer, carecer, compadecer, complacer, convalecer, crecer, desagradecer, desaparecer, desconocer, deslucir, desfavorecer, desmerecer, desobedecer, embellecer, empobrecer, enriquecer, enrojecer, enternecer, entristecer, envejecer, establecer, estremecer, favorecer, florecer, fortalecer, lucir, merecer, nacer, obedecer, ofrecer, padecer, parecer, permanecer, pertenecer, reaparecer, renacer, rejuvenecer, relucir, restablecer,* etc.

Excepciones: *hacer* y derivados de *hacer, cocer (cuezo), escocerse (me escuezo), recocer (recuezo), mecer (mezo).*

■ **Verbos terminados en -DUCIR que transforman C -> ZC delante de O y A. Pretérito Indefinido en -DUJE**

■ *Tercera conjugación* **Traducir**

pres. de indicativo	imperativo	pres. de subjuntivo
traduzco		traduzca
traduces	traduce	traduzcas
traduce	traduzca ◄	traduzca
traducimos	traduzcamos ◄	traduzcamos
traducís	traducid	traduzcáis
traducen	traduzcan ◄	traduzcan

pretérito indefinido	imperfecto de subjuntivo	
traduje	tradujera	o tradujese
tradujiste	tradujeras	o tradujeses
tradujo	tradujera	o tradujese
tradujimos	tradujéramos	o tradujésemos
tradujisteis	tradujerais	o tradujeseis
tradujeron	tradujeran	o tradujesen

Siguen esta irregularidad: *conducir, deducir, inducir, introducir, producir, reconducir, reducir, reproducir, seducir,* etc.

■ **Verbos terminados en -UIR que cambian I -> Y delante de A, E, O**

■ *Tercera conjugación* **Construir**

pres. de indicativo	imperativo	pres. de subjuntivo
construyo		construya
construyes	construye	construyas
construye	construya ◄	construya
construimos	construyamos ◄	construyamos
construís	construid	construyáis
construyen	construyan ◄	construyan

gerundio

construyendo

Siguen esta irregularidad: *afluir, atribuir, autodestruir, concluir, confluir, constituir, contribuir, destituir, destruir, diluir, disminuir, distribuir, excluir, huir, incluir, influir, instituir, instruir, obstruir, prostituir, reconstituir, reconstruir, restituir, retribuir, su(b)stituir,* etc.

3 VERBOS PARTICULARMENTE IRREGULARES

 Pretéritos indefinidos y pretéritos imperfectos de subjuntivo irregulares

	pret. indefinido	pret. imperfecto de subjuntivo
andar	anduve	anduviera
caber	cupe	cupiera
dar	di	diera
decir	dije	dijera
estar	estuve	estuviera
haber	hube	hubiera
hacer	hice	hiciera
ir, ser	fui	fuera
poder	pude	pudiera
poner	puse	pusiera
querer	quise	quisiera
saber	supe	supiera
tener	tuve	tuviera
traer	traje	trajera
venir	vine	viniera

 Futuros y condicionales irregulares

	futuro	condicional
caber	cabré	cabría
decir	diré	diría
haber	habré	habría
hacer	haré	haría
poder	podré	podría
poner	pondré	pondría
querer	querré	querría
saber	sabré	sabría
salir	saldré	saldría
tener	tendré	tendría
valer	valdré	valdría
venir	vendré	vendría

Presentes de subjuntivo irregulares

dar	dé
estar	esté
haber	haya
ir	vaya
saber	sepa
ser	sea

■ Imperativos irregulares

decir	di	**salir**	sal
haber	he	**ser**	sé
hacer	haz	**tener**	ten
ir	ve	**venir**	ven
poner	pon		

■ Participios irregulares

Tienen un participio irregular los siguientes verbos y sus compuestos:

abrir	abierto
cubrir	cubierto
decir	dicho
escribir	escrito
hacer	hecho
imprimir	impreso
morir	muerto
poner	puesto
pudrir	podrido
resolver	resuelto
romper	roto
satisfacer	satisfecho
ver	visto
volver	vuelto

■ Verbos que tienen dos participios, uno regular y otro irregular

Algunos verbos tienen dos participios, uno regular, para formar los tiempos compuestos, y otro irregular usado a menudo como adjetivo, sustantivado o no, y como adverbio:

absorber	absorbido	absorto
abstraer	abstraído	abstracto
atender	atendido	atento
bendecir	bendecido	bendito
confundir	confundido	confuso
convencer	convencido	convicto
confesar	confesado	confeso
corromper	corrompido	corrupto
corregir	corregido	correcto
despertar	despertado	despierto
difundir	difundido	difuso
elegir	elegido	electo
eximir	eximido	exento
expresar	expresado	expreso
extender	extendido	extenso
extinguir	extinguido	extinto
fijar	fijado	fijo
freír	freído	frito
hartar	hartado	harto
imprimir	imprimido	impreso
insertar	insertado	inserto

invertir	invertido	inverso
juntar	juntado	junto
maldecir	maldecido	maldito
manifestar	manifestado	manifiesto
nacer	nacido	nato
oprimir	oprimido	opreso
presumir	presumido	presunto
prender	prendido	preso
proveer	proveído	provisto
recluir	recluido	recluso
salvar	salvado	salvo
sepultar	sepultado	sepulto
soltar	soltado	suelto
sujetar	sujetado	sujeto
suspender	suspendido	suspenso
teñir	teñido	tinto
torcer	torcido	tuerto
etc.		

■ *Gerundios irregulares*

decir	diciendo
dormir	durmiendo
ir	yendo
morir	muriendo
pedir	y los verbos que se conjugan como *pedir*: pidiendo
poder	pudiendo
podrir	pudriendo
sentir	y los verbos que se conjugan como *sentir*: sintiendo
venir	viniendo

■ *Verbos defectivos*

Se llama así a los verbos que no tienen todas sus formas: *soler.*

■ Verbos que se conjugan solamente en la 3ª persona del singular

El grupo más numeroso se relaciona con los fenómenos atmosféricos: *amanecer, anochecer, atardecer, clarear, diluviar, granizar, helar, llover, lloviznar, nevar, oscurecer, relampaguear, tronar, ventar.*

Observación:

Otros verbos se comportan también, en ciertos casos, del mismo modo: *bastar, caber, constar, convenir, holgar, ocurrir, sobrar, suceder, urgir.*

■ Verbos que sólo se conjugan en 3ª persona del singular y del plural

En ciertos sentidos verbos como *gustar, placer,* etc.:

> ***Me gusta*** *trabajar por la noche.*

■ Otros verbos como ***abolir, balbucir,*** etc. sólo se usan en personas y tiempos en que la terminación contiene la vocal **i:**

> *Abolimos, abolís, abolía,* etc.

17 Cuadros de verbos irregulares de especial complejidad

ANDAR

Presente de indicativo	Imperativo	Presente de subjuntivo	Imperf. de indicativo	Pretérito indefinido	Imperfecto de subjuntivo	Futuro	Condicional
				anduve anduviste anduvo anduvimos anduvisteis anduvieron	anduviera o anduviese anduvieras / anduvieses anduviera / anduviese anduviéramos / anduviésemos anduvierais / anduvieseis anduvieran / anduviesen		

CABER

Presente de indicativo	Imperativo	Presente de subjuntivo	Imperf. de indicativo	Pretérito indefinido	Imperfecto de subjuntivo	Futuro	Condicional
quepo cabes cabe cabemos cabéis caben	cabe quepa quepamos cabed quepan	quepa quepas quepa quepamos quepáis quepan		cupe cupiste cupo cupimos cupisteis cupieron	cupiera o cupiese cupieras / cupieses cupiera / cupiese cupiéramos / cupiésemos cupierais / cupieseis cupieran / cupiesen	cabré cabrás cabrá cabremos cabréis cabrán	cabría cabrías cabría cabríamos cabríais cabrían

CAER

Presente de indicativo	Imperativo	Presente de subjuntivo	Imperf. de indicativo	Pretérito indefinido	Imperfecto de subjuntivo	Futuro	Condicional	
caigo caes cae caemos caéis caen	cae caiga caigamos caed caigan	caiga caigas caiga caigamos caigáis caigan		caí caíste cayó caímos caísteis cayeron	cayera o cayese cayeras / cayeses cayera / cayese cayéramos / cayésemos cayerais / cayeseis cayeran / cayesen			**Gerundio** cayendo

DAR

Presente de indicativo	Imperativo	Presente de subjuntivo	Imperf. de indicativo	Pretérito indefinido	Imperfecto de subjuntivo	Futuro	Condicional
doy das da damos dais dan	da dé demos dad den	dé des dé demos deis den		di diste dio dimos disteis dieron	diera o diese dieras / dieses diera / diese diéramos / diésemos dierais / dieseis dieran / diesen		

DECIR

Presente de indicativo	Imperativo	Presente de subjuntivo	Imperf. de indicativo	Pretérito indefinido	Imperfecto de subjuntivo	Futuro	Condicional	
digo dices dice decimos decís dicen	di diga digamos decid digan	diga digas diga digamos digáis digan		dije dijiste dijo dijimos dijisteis dijeron	dijera o dijese dijeras / dijeses dijera / dijese dijéramos / dijésemos dijerais / dijeseis dijeran / dijesen	diré dirás dirá diremos diréis dirán	diría dirías diría diríamos diríais dirían	**Gerundio** diciendo **Participio** dicho

ESTAR

Presente de indicativo	Imperativo	Presente de subjuntivo	Imperf. de indicativo	Pretérito indefinido	Imperfecto de subjuntivo		Futuro	Condicional
estoy		esté		estuve	estuviera	o estuviese		
estás	está	estés		estuviste	estuvieras	estuvieses		
está	esté	esté		estuvo	estuviera	estuviese		
estamos	estemos	estemos		estuvimos	estuviéramos	estuviésemos		
estáis	estad	estéis		estuvisteis	estuvierais	estuvieseis		
están	estén	estén		estuvieron	estuvieran	estuviesen		

HABER

Presente de indicativo	Imperativo	Presente de subjuntivo	Imperf. de indicativo	Pretérito indefinido	Imperfecto de subjuntivo		Futuro	Condicional	Participio
he	he	haya		hube	hubiera	o hubiese	habré	habría	hecho
has	haya	hayas		hubiste	hubieras	hubieses	habrás	habrías	
ha-hay	hayamos	haya		hubo	hubiera	hubiese	habrá	habría	
hemos	habed	hayamos		hubimos	hubiéramos	hubiésemos	habremos	habríamos	
habéis	hayan	hayáis		hubisteis	hubierais	hubieseis	habréis	habríais	
han		hayan		hubieron	hubieran	hubiesen	habrán	habrían	

HACER

Presente de indicativo	Imperativo	Presente de subjuntivo	Imperf. de indicativo	Pretérito indefinido	Imperfecto de subjuntivo		Futuro	Condicional
hago	haz	haga		hice	hiciera	o hiciese	haré	haría
haces	haga	hagas		hiciste	hicieras	hicieses	harás	harías
hace	hagamos	haga		hizo	hiciera	hiciese	hará	haría
hacemos	haced	hagamos		hicimos	hiciéramos	hiciésemos	haremos	haríamos
hacéis	hagan	hagáis		hicisteis	hicierais	hicieseis	haréis	haríais
hacen		hagan		hicieron	hicieran	hiciesen	harán	harían

IR

Presente de indicativo	Imperativo	Presente de subjuntivo	Imperf. de indicativo	Pretérito indefinido	Imperfecto de subjuntivo		Gerundio
voy	ve	vaya	iba	fui	fuera	o fuese	yendo
vas	vaya	vayas	ibas	fuiste	fueras	fueses	
va	vayamos-vamos	vaya	iba	fue	fuera	fuese	
vamos	id	vayamos	íbamos	fuimos	fuéramos	fuésemos	
vais	vayan	vayáis	ibais	fuisteis	fuerais	fueseis	
van		vayan	iban	fueron	fueran	fuesen	

OÍR

Presente de indicativo	Imperativo	Presente de subjuntivo	Imperf. de indicativo	Pretérito indefinido	Imperfecto de subjuntivo		Gerundio
oigo	oye	oiga		oí	oyera	u oyese	oyendo
oyes	oiga	oigas		oíste	oyeras	oyeses	
oye	oigamos	oiga		oyó	oyera	oyese	
oímos	oíd	oigamos		oímos	oyéramos	oyésemos	
oís	oigan	oigáis		oísteis	oyerais	oyeseis	
oyen		oigan		oyeron	oyeran	oyesen	

	Presente de indicativo	Imperativo	Presente de subjuntivo	Imperf. de indicativo	Pretérito indefinido	Imperfecto de subjuntivo		Futuro	Condicional	Gerundio / Participio
PODER	puedo		pueda		pude	pudiera	o pudiese	podré	podría	**Gerundio** pudiendo
	puedes	puede	puedas		pudiste	pudieras	pudieses	podrás	podrías	
	puede	pueda	pueda		pudo	pudiera	pudiese	podrá	podría	
	podemos	podamos	podamos		pudimos	pudiéramos	pudiésemos	podremos	podríamos	
	podéis	poded	podáis		pudisteis	pudierais	pudieseis	podréis	podríais	
	pueden	puedan	puedan		pudieron	pudieran	pudiesen	podrán	podrían	
PONER	pongo		ponga		puse	pusiera	o pusiese	pondré	pondría	**Participio** puesto
	pones	pon	pongas		pusiste	pusieras	pusieses	pondrás	pondrías	
	pone	ponga	ponga		puso	pusiera	pusiese	pondrá	pondría	
	ponemos	pongamos	pongamos		pusimos	pusiéramos	pusiésemos	pondremos	pondríamos	
	ponéis	poned	pongáis		pusisteis	pusierais	pusieseis	pondréis	pondríais	
	ponen	pongan	pongan		pusieron	pusieran	pusiesen	pondrán	pondrían	
QUERER	quiero		quiera		quise	quisiera	o quisiese	querré	querría	
	quieres	quiere	quieras		quisiste	quisieras	quisieses	querrás	querrías	
	quiere	quiera	quiera		quiso	quisiera	quisiese	querrá	querría	
	queremos	queramos	queramos		quisimos	quisiéramos	quisiésemos	querremos	querríamos	
	queréis	quered	queráis		quisisteis	quisierais	quisieseis	querréis	querríais	
	quieren	quieran	quieran		quisieron	quisieran	quisiesen	querrán	querrían	
SABER	sé		sepa		supe	supiera	o supiese	sabré	sabría	
	sabes	sabe	sepas		supiste	supieras	supieses	sabrás	sabrías	
	sabe	sepa	sepa		supo	supiera	supiese	sabrá	sabría	
	sabemos	sepamos	sepamos		supimos	supiéramos	supiésemos	sabremos	sabríamos	
	sabéis	sabed	sepáis		supisteis	supierais	supieseis	sabréis	sabríais	
	saben	sepan	sepan		supieron	supieran	supiesen	sabrán	sabrían	
SALIR	salgo		salga					saldré	saldría	
	sales	sal	salgas					saldrás	saldrías	
	sale	salga	salga					saldrá	saldría	
	salimos	salgamos	salgamos					saldremos	saldríamos	
	salís	salid	salgáis					saldréis	saldríais	
	salen	salgan	salgan					saldrán	saldrían	

SER

Presente de indicativo	Imperativo	Presente de subjuntivo	Imperf. de indicativo	Pretérito indefinido	Imperfecto de subjuntivo	Futuro	Condicional	Gerundio
soy		sea	era	fui	fuera o fuese			
eres	sé	seas	eras	fuiste	fueras fueses			
es	sea	sea	era	fue	fuera fuese			
somos	seamos	seamos	éramos	fuimos	fuéramos fuésemos			
sois	sed	seáis	erais	fuisteis	fuerais fueseis			
son	sean	sean	eran	fueron	fueran fuesen			

TENER

Presente de indicativo	Imperativo	Presente de subjuntivo	Imperf. de indicativo	Pretérito indefinido	Imperfecto de subjuntivo	Futuro	Condicional	Gerundio
tengo		tenga		tuve	tuviera o tuviese	tendré	tendría	
tienes	ten	tengas		tuviste	tuvieras tuvieses	tendrás	tendrías	
tiene	tenga	tenga		tuvo	tuviera tuviese	tendrá	tendría	
tenemos	tengamos	tengamos		tuvimos	tuviéramos tuviésemos	tendremos	tendríamos	
tenéis	tened	tengáis		tuvisteis	tuvierais tuvieseis	tendréis	tendríais	
tienen	tengan	tengan		tuvieron	tuvieran tuviesen	tendrán	tendrían	

TRAER

Presente de indicativo	Imperativo	Presente de subjuntivo	Imperf. de indicativo	Pretérito indefinido	Imperfecto de subjuntivo	Futuro	Condicional	Gerundio
traigo		traiga		traje	trajera o trajese			**Gerundio** trayendo
traes	trae	traigas		trajiste	trajeras trajeses			
trae	traiga	traiga		trajo	trajera trajese			
traemos	traigamos	traigamos		trajimos	trajéramos trajésemos			
traéis	traed	traigáis		trajisteis	trajerais trajeseis			
traen	traigan	traigan		trajeron	trajeran trajesen			

VALER

Presente de indicativo	Imperativo	Presente de subjuntivo	Imperf. de indicativo	Pretérito indefinido	Imperfecto de subjuntivo	Futuro	Condicional	Gerundio
valgo		valga				valdré	valdría	
vales	vale	valgas				valdrás	valdrías	
vale	valga	valga				valdrá	valdría	
valemos	valgamos	valgamos				valdremos	valdríamos	
valéis	valed	valgáis				valdréis	valdríamos	
valen	valgan	valgan				valdrán	valdrían	

VENIR

Presente de indicativo	Imperativo	Presente de subjuntivo	Imperf. de indicativo	Pretérito indefinido	Imperfecto de subjuntivo	Futuro	Condicional	Gerundio
vengo		venga		vine	viniera o viniese	vendré	vendría	**Gerundio** viniendo
vienes	ven	vengas		viniste	vinieras vinieses	vendrás	vendrías	
viene	venga	venga		vino	viniera viniese	vendrá	vendría	
venimos	vengamos	vengamos		vinimos	viniéramos viniésemos	vendremos	vendríamos	
venís	venid	vengáis		vinisteis	vinierais vinieseis	vendréis	vendríais	
vienen	vengan	vengan		vinieron	vinieran viniesen	vendrán	vendrían	

Presente de indicativo	Imperativo	Presente de subjuntivo	Imperf. de indicativo	Pretérito indefinido	Imperfecto de subjuntivo	Futuro	Condicional	Participio
veo		vea	veía					visto
ves	ve	veas	veías					
ve	vea	vea	veía					
vemos	veamos	veamos	veíamos					
veis	ved	veáis	veían					
ven	vean	vean	veían					

•Se conjugan como:

caer decaer, recaer.

traer abstraer, atraer, contraer, distraer, extraer, retraer, substraer, etc.

oír entreoír, etc.

hacer deshacer, rehacer, satisfacer (satisfago, satisfaces, etc.)

decir bendecir, contradecir, desdecir, maldecir, predecir.

poner anteponer, componer, contraponer, descomponer, disponer, exponer, imponer, indisponer, interponer, oponer, posponer, predisponer, presuponer, proponer, recomponer, reponer, sobreponer, suponer, transponer, yuxtaponer, etc.

salir resalir, sobresalir.

tener abstener, atenerse, contener, detener, entretener, mantener, obtener, retener, sostener.

valer equivaler, prevaler.

ver entrever, prever.

venir advenir, circunvenir, contravenir, convenir, disconvenir, intervenir, prevenir, provenir, sobrevenir, subvenir.

Observaciones:

Entre los verbos particularmente irregulares cabría añadir algunos de menor uso, como los presentes de indicativo de los siguientes verbos:

asir asgo, ases, ase, asimos, asís, asen.

roer roo (roigo o royo), roes, roe, roemos, roéis, roen.

yacer yazco (yazgo o yago), yaces, yace, yacemos, yacéis, yacen.

Modificaciones ortográficas y alteraciones de acento

Además de las irregularidades vocálicas y consonánticas que se producen en la raíz, algunos verbos son afectados por modificaciones ortográficas en la terminación o por alteraciones de acento.

1 MODIFICACIONES CONSONÁNTICAS

■ Para mantener la pronunciación del sonido de la consonante final de la raíz, algunos verbos **modifican su ortografía**.

Verbos terminados en	cambian	delante de
-car	c en qu	e

• ejemplo: **Acercar**

pres. de subjuntivo	pretérito indefinido
acerque	acerqué
acerques	acercaste
acerque	...
acerquemos	
acerquéis	
acerquen	

Siguen esta modificación: *abarcar, aparcar, arrancar, atrancar, desatascar, roncar,* etc.

Verbos terminados en	cambian	delante de
-cer (precedidos de una consonante) -cir	c en z	a, o

• ejemplo: **Vencer**

pres. de indicativo	presente de subjuntivo
venzo	venza
vences	venzas
...	venza
	venzamos
	venzáis
	venzan

Siguen esta modificación verbos como *convencer, ejercer, torcer, cocer, escocer, mecer, recocer; resarcir, uncir,* y *zurcir.*

■

Verbos terminados en	cambian	delante de
-gar	g en gu	e

•ejemplo: **Pagar**

pres. de subjuntivo	pretérito indefinido
pague	pagué
pagues	pagaste
pague	...
paguemos	
paguéis	
paguen	

Siguen esta modificación: *ahogar, colgar, pegar, regar*, etc.

■

Verbos terminados en	cambian	delante de
-ger y -gir	g en j	a, o

•ejemplo: **Coger**

pres. de indicativo	presente de subjuntivo
cojo	coja
coges	cojas
...	coja
	cojamos
	cojáis
	cojan

Siguen esta modificación: *acoger, emerger, encoger, escoger, proteger, recoger,* así como *afligir, corregir, elegir, exigir, fingir, preelegir, reelegir, regir, restringir, surgir,* etc.

■

Verbos terminados en	cambian	delante de
-zar	z en c	e

•ejemplo: **Cruzar**

pres. de subjuntivo	pretérito indefinido
cruce	crucé
cruces	cruzaste
cruce	...
crucemos	
crucéis	
crucen	

Siguen esta modificación: *abrazar, almorzar, empezar, rebozar, rezar,* etc.

2 MODIFICACIONES VOCÁLICAS

■ Se refieren a: *cambios de i > y*, a *pérdidas de i y de u*.

■

Verbos terminados en	cambian	en
- eer	i > y	terceras personas del indefinido, tiempos derivados y gerundio

• ejemplo: **Leer**

pretérito indefinido	imperf. de subjuntivo		gerundio
leí	leyera	o leyese	leyendo
leíste	leyeras	o leyeses	
leyó	leyera	o leyese	
leímos	leyéramos	o leyésemos	
leisteis	leyerais	o leyeseis	
leyeron	leyeran	o leyesen	

Siguen esta modificación: *creer, poseer, proveer, releer,* etc.

■

Verbos terminados en	pierden la	delante de
-guir	u	a, o

• ejemplo: **Distinguir**

pres. de indicativo	presente de subjuntivo
distingo	distinga
distingues	distingas
...	distinga
	distingamos
	distingáis
	distingan

Siguen esta modificación: *conseguir, extinguir, perseguir, proseguir, seguir.*

■

Verbos terminados en	pierden la	en
-eír, -ñer, -ñir, -ullir	i de la terminación	terceras personas del indefinido, tiempos derivados y gerundio

• ejemplo: **Gruñir**

pretérito indefinido	imperf. de subjuntivo		gerundio
...	gruñera	o gruñese	gruñendo
...	gruñeras	o gruñeses	
gruñó	gruñera	o gruñese	
...	gruñéramos	o gruñésemos	
...	gruñerais	o gruñeseis	
gruñeron	gruñeran	o gruñesen	

Siguen esta modificación: *bullir, escabullirse, zambullir; freír, reír, sonreír, atañer, desteñir, estreñir, reñir*, etc.

3 ALTERACIONES DE ACENTO

■ *Verbos terminados en -iar*

Existen dos clases de verbos terminados en **iar**.

■ Unos que no acentúan la **i** del diptongo **io** y que, por consiguiente, no llevan acento escrito.

•ejemplo: **Cambiar**

pres. de indicativo	imperativo	presente de subjuntivo
cambio		cambie
cambias	cambia	...
...	...	

Siguen esta modificación: *abreviar, acariciar, copiar, estudiar, rumiar,* etc.

■ Otros que acentúan la **i** del diptongo **io**, formando dos sílabas y que por consiguiente llevan acento escrito:

•ejemplo: **Desviar**

pres. de indicativo	imperativo	presente de subjuntivo
desvío		desvíe
desvías	desvía	desvíes
desvía	desvíe ◄	desvíe
desviamos	desviemos	desviemos
desviáis	desviad	desviéis
desvían	desvíen ◄	desvíen

Siguen esta modificación: *averiar, confiar, guiar, variar*, etc.

■ *Verbos terminados en -uar*

Acentúan la **u** del diptongo **uo**, formando dos sílabas.

•ejemplo: **Actuar**

pres. de indicativo	imperativo	presente de subjuntivo
actúo		actúe
actúas	actúa	actúes
actúa	actúe ◄	actúe
actuamos	actuemos	actuemos
actuáis	actuad	actuéis
actúan	actúen ◄	actúen

Siguen esta modificación: *acentuar, adecuar,* etc.

Observación:

Para completar las modificaciones ortográficas añadimos los verbos terminados en **-guar.** Estos verbos incorporan a la **u** la diéresis (**ü**) delante de una **e.**

• ejemplo: **Averiguar**

pret. indefinido	imperativo	presente de subjuntivo
averigüé		averigüe
averiguaste	averigua	averigües
...	averigüe ◄—	averigüe
	averigüemos ◄—	averigüemos
	averiguad	averigüéis
	averigüen ◄—	averigüen

Siguen esta modificación: *aguar, amortiguar, apaciguar, atestiguar, menguar, santiguarse,* etc.

1   LA CONJUGACIÓN PASIVA

Formación: **verbo SER + participio.**

TIEMPOS SIMPLES

• ejemplo: **presente de indicativo**   Ser querido

yo	soy	querido/a
tú	eres	querido/a
él / ella / usted	es	querido/a
nosotros/as	somos	queridos/as
vosotros/as	sois	queridos/as
ellos / ellas / ustedes	son	queridos/as

• ejemplo: **presente de subjuntivo**   Ser querido

yo	sea	querido/a
tú	seas	querido/a
él / ella / usted	sea	querido/a
nosotros/as	seamos	queridos/as
vosotros/as	seáis	queridos/as
ellos / ellas / ustedes	sean	queridos/as

TIEMPOS COMPUESTOS

• ejemplo: **p. perf. de indicativo**   Ser querido

yo	he	sido	querido/a
tú	has	sido	querido/a
él / ella / usted	ha	sido	querido/a
nosotros/as	hemos	sido	queridos/as
vosotros/as	habéis	sido	queridos/as
ellos / ellas / ustedes	han	sido	queridos/as

• ejemplo: **p. perf. de subjuntivo**   Ser querido

yo	haya	sido	querido/a
tú	hayas	sido	querido/a
él / ella / usted	haya	sido	querido/a
nosotros/as	hayamos	sido	queridos/as
vosotros/as	hayáis	sido	queridos/as
ellos / ellas / ustedes	hayan	sido	queridos/as

Los demás tiempos se conjugan de la misma manera:

*Su opinión siempre **había sido respetada** por todos.*
Fue apreciado *siempre por su trabajo.*

2 LA PASIVA REFLEJA O PASIVA CON *SE*

•Con sujeto no personal
Se + verbo en voz activa en tercera persona del singular o del plural:

> *Se vendió mucho ese libro el año pasado.*
> *Se alquilaron muchas habitaciones durante el verano.*

La pasiva refleja sustituye muchas veces en español a la pasiva con **ser**:

> *Ese libro **fue** muy **vendido** el año pasado.*
> *Muchas habitaciones **fueron alquiladas** durante el verano.*

•Con sujeto personal
Cuando el sujeto es personal, sobre todo si se trata de un nombre propio o considerado como tal, el verbo se pone en singular y el sujeto va precedido de la preposición **a** para evitar confusiones con oraciones reflexivas o recíprocas.

> *En este colegio se quiere mucho **a** los profesores =*
> *los profesores **son** muy **queridos**.*

Sin confusión con la acción recíproca:

> *En este colegio los profesores se quieren mucho =*
> *los profesores se aprecian unos a otros.*

3 LA CONJUGACIÓN PRONOMINAL

Formación: **pronombre reflexivo + verbo conjugado en voz activa.**

•ejemplo: **Lavarse**

Presente de indicativo		**imperativo**
me	lavo	
te	lavas	láva**te**
se	lava	láve**se**
nos	lavamos	lavémo**nos**
os	laváis	lava**os**
se	lavan	láven**se**

4 CONSTRUCCIONES VERBALES PARTICULARES

•ejemplo: **Gustar**

(a mí)	**me**	**gusta(n)**
(a ti)	**te**	**gusta(n)**
(a él / a ella / a usted)	**le**	**gusta(n)**
(a nosotros / a nosotras)	**nos**	**gusta(n)**
(a vosotros / a vosotras)	**os**	**gusta(n)**
(a ellos / a ellas / a ustedes)	**les**	**gusta(n)**

Se construyen así numerosas formas verbales: *me afecta, me alegra, me apetece, me cae bien / mal, me conviene, me corresponde, me da igual, me duele, me encanta, me es igual, me extraña, me hace falta, me ilusiona, me importa, me parece, me queda bien / mal, me suena, me satisface, me sorprende, me toca, me vuelve loco,* etc.

• ejemplo: **Arreglár(se)(las)**

yo	**me**	**las**	arreglo
tú	**te**	**las**	arreglas
el / ella / usted	**se**	**las**	arregla
nosotros / nosotras	**nos**	**las**	arreglamos
vosotros / vosotras	**os**	**las**	arregláis
ellos / ellas / ustedes	**se**	**las**	arreglan

Se construyen así las formas siguientes: *apañárselas, componérselas, dárselas de, echárselas de, habérselas con, vérselas,* etc.

• ejemplo: **Ocurrír(se)(le)** (algo) (a alguien)

a mí	**se**	**me**	ocurre
a ti	**se**	**te**	ocurre
a él / a ella / a usted	**se**	**le**	ocurre
a nosotros / a nosotras	**se**	**nos**	ocurre
a vosotros / a vosotras	**se**	**os**	ocurre
a ellos / a ellas / a ustedes	**se**	**les**	ocurre

Se construyen así las formas siguientes: *se me antoja, se me da, se me hace,* etc.

5 LOS VERBOS AUXILIARES: HABER, SER Y ESTAR

■ En español los tres verbos auxiliares utilizados más frecuentemente son **haber, ser, estar.**

■ **HABER**

• Como ya se ha dicho:

- Sirve de auxiliar para formar los tiempos compuestos.

> ***He*** *comido,* ***habías*** *comido,* etc.

- El participio de los tiempos compuestos no puede ir separado del auxiliar **haber** por ninguna palabra.

Se dice: **he comido bien** y no se puede decir: *he bien comido.*

- El participio conjugado con **haber** es invariable:

> *Las chicas se han* ***ido*** *de paseo.*

• Es también un verbo impersonal, que tiene el sentido de *existir* y se emplea en presente, pasado y futuro de indicativo, siempre en tercera persona del singular:

> **Hay** gente.
> **Hay** problemas.
> **Ha habido** un accidente.
> **Habrá** jaleo.
> **Habrá** problemas.

Observación:

También se puede conjugar en subjuntivo: *haya, hubiera,* etc:

> ¡Que **haya** suerte!

• La construcción **haber que** expresa la obligación impersonal en tercera persona del singular:

> **Hay que** trabajar para vivir.

■ SER en la forma de la pasiva

La voz pasiva (*véase* 1) se usa poco en español. Se prefieren construcciones activas o la llamada pasiva refleja (*véase* 2).
La pasiva, formada como se ha dicho con **ser + participio**, indica una acción verbal en la que el sujeto recibe dicha acción. Se usa sólo con verbos transitivos:

> El ladrón **fue cogido** por la policía.
> Su selección **ha sido derrotada** por la nuestra.

■ Concordancia del participio conjugado con SER y ESTAR

El participio conjugado con **ser** y **estar** concuerda siempre con el sujeto.

> Los bosques **fueron devastados** por los incendios.
> Los bancos **estaban abiertos**.
> La niña **estaba asustada** y **fue sacada** de allí.

■ ESTAR + gerundio

Los tiempos llamados continuos, formados por la perífrasis del verbo **estar + gerundio**, con un sentido de acción en curso, son de mucho uso en español:

> Esta niña **está creciendo** mucho.
> Daniel **estaba haciendo** problemas de física.
> A esta hora ya **estará viniendo**.

■ SER / ESTAR

Una de las características peculiares del español es tener dos verbos (**ser** y **estar**) mientras que la mayoría de las lenguas no tiene más que uno. En los apartados 6, 7 y 8 se ejemplifican sus usos y diferencias.

Es muy alta.	$\neq$	**Está** muy alta.
Será rico.	$\neq$	**Estará** rico.

Verbo de existencia y definición que expresa:

La existencia

•Expresa el hecho de existir:	***Ser** o no **ser**, he ahí el problema.*

Las características esenciales de una persona o de una cosa

•El origen de una persona (**Ser de**):	***Soy d**e Valladolid.*
•La profesión, la materia:	***Soy** profesor. La mesa **es** de madera.*
•La nacionalidad, la religión, la clase social, el partido político:	***Es** francés, católico y burgués.*
•Las cualidades físicas y morales:	***Es** alto e inteligente.*
•Expresa la manera de ser de una persona:	***Es** una persona encantadora.*
•Indica el destino de una cosa o acción:	*Estos regalos **son** para ti.* *El ir **es** por mi padre.*

Una definición

•Pregunta por una definición:	*¿Cómo **es** ella?*
•Expresa la definición de una persona o de una cosa:	***Es** un chico joven.*
•Expresa definiciones en general:	*Dos y dos **son** cuatro.*
•Expresa la definición del lugar donde ocurre un acontecimiento:	*¿Dónde **es** la boda?* *La fiesta **es** en la iglesia.*
•Tiene un sentido explicativo general (**Ser + que**):	***Es que** no entiende nada.* *La verdad **es que**...*
•Expresa un juicio objetivo:	***Es** verdad.*
•Expresa un juicio de valor sobre la realidad:	***Es** una buena idea.*

Precio

•Pregunta y responde el precio:	*¿Cuánto **es**? / ¿A cómo **son** las manzanas?* *Las manzanas **son** a 100 pesetas el kilo.*

Hora y fecha

•Indica hora, día, estación, año:	*¿Qué hora **es**? / ¿Qué día **es** hoy?* ***Son** las tres. Hoy **es** domingo.* ***Es** verano. **Fue** en 1993.*

Tiempo

•En condicional expresa un tiempo impreciso:	***Serían** las dos cuando nos acostamos.*
•Expresiones adverbiales referidas al tiempo:	***Es** de día, **es** de noche.*

7 USOS DE ESTAR

Verbo de situación, resultado y estado, que expresa:

■ Situación en el espacio y en el tiempo

•Pregunta por el lugar:	*¿Dónde **está**?*
•Sitúa:	***Estamos** en verano / en Madrid.*
•Indica la permanencia en un lugar:	***Estaba** en casa de sus amigos.*
•Indica la presencia o la ausencia:	*No **está** aquí, **está** fuera.*
•Indica la posición:	***Estoy** de pie.*
•Indica una situación aproximada:	*La casa **está** hacia las afueras.* ***Estaré** por ahí toda la noche.*

■ Circunstancias

•Indica una disposición, una actitud:	*¿**Estás** de acuerdo? ¿**Estás** listo?*
•Indica una actividad, una ocupación:	***Está** de viaje.*
•Expresa el cargo, la función que desempeña una persona:	***Está** de profesor en Salamanca.*

■ El estado

•Indica un comportamiento, una actitud, un estado:	***Está** de mal humor.*
•Indica el estado de salud, el aspecto, el modo:	***Está** muy bien.*
•Pregunta por un estado o por una apariencia:	*¿Cómo **estás** hoy?*

■ Una intención

•Indica opinión:	***Está** a favor, en contra.*
•Indica intención:	***Estoy** por marcharme.*
•Expresa un juicio subjetivo:	***Estoy** seguro.*

■ Los momentos de una acción

•Indica finalidad:	***Estoy** aquí para ayudarte.*
•Indica algo que todavía no se ha terminado:	*La casa **está** por hacer.*
•Indica algo que está a punto de ocurrir:	*El tren **está** al llegar.*
•Indica el resultado de una acción:	*La comida **está** lista.*

■ Precio

•Pregunta y responde el precio:	*¿A cuánto **están** las manzanas?* ***Están a** 100 pesetas el kilo.*

■ Temperatura

•Pregunta y responde la temperatura:	*¿A cuánto **estamos** hoy?* ***Estamos a** 2 grados bajo cero.*

■ Fecha

Indica con precisión el día, el mes, la estación, el año:	***Estamos** a 25 de julio / a viernes.* ***Estamos** en verano / en 1994.*

•El mismo adjetivo utilizado con **ser** o **estar** puede cambiar de sentido y pasar de un sentido esencial a un sentido accidental debido a un cambio o a una alteración:

ser (un) distraído = de manera permanente.	**estar distraído** = de modo ocasional.
ser cojo = tener esa minusvalía permanente.	**estar cojo** = cojear accidentalmente.
ser decidido = de carácter.	**estar decidido** = estar dispuesto a hacer algo.
ser pobre = de condición modesta.	**estar pobre** = quedarse momentáneamente sin dinero.
ser tranquilo = de carácter calmado.	**estar tranquilo** = haberse calmado momentáneamente.
ser guapo = bien parecido físicamente.	**estar guapo** = parecerlo por el modo de vestir, por ejemplo.
ser joven = de edad.	**estar joven** = parecer joven.
ser un loco = haber perdido sus facultades mentales.	**estar loco** = portarse de una manera alocada.
ser nuevo = recientemente hecho.	**estar nuevo** = parecer nuevo.
ser difícil = no ser fácil.	**estar difícil** = resultar complicado circunstancialmente.
etc.	etc.

•Algunos adjetivos cambian totalmente su significado, según sean utilizados con **ser** o **estar**:

ser listo = inteligente.	**estar listo** = preparado.
ser católico = de religión.	**estar católico** = en buenas condiciones de salud.
ser malo = de carácter.	**estar malo** = enfermo.
ser vivo = rápido de espíritu.	**estar vivo** = no estar muerto.
ser rico = tener dinero.	**estar rico** = estar sabroso un alimento.
ser bueno = de carácter.	**estar bueno** = de salud, de aspecto o de comer.
etc.	etc.

GRAMÁTICA
Capítulos **Normas**

Referencias
Ejercicios gramaticales

III. GRUPO VERBAL
A. El verbo. La conjugación.

	NIVEL 1 págs.	NIVEL 2 págs.	NIVEL 3 págs.
15. La conjugación regular.	33-35	39-41	42-44
16. La conjugación irregular.	36-38	42-44	45-47
17. Cuadros de verbos irregulares de especial complejidad.	39-41	45-47	48-50
18. Modificaciones ortográficas y alteraciones de acento.	42-44	48-50	51-53
19. Auxiliares y construcciones verbales.	45-47	51-53	54-57

Ejercicios Curso Práctico

III

Grupo verbal

B

B. Significado y empleo de los tiempos y modos verbales

B.1 Las formas personales del verbo:

Modo indicativo

1 PRINCIPALES VALORES DE LOS TIEMPOS

El modo indicativo expresa los hechos reales y constata la realidad.
Es el modo de las verdades objetivas y de la certeza.

Presente	Expresa una acción que tiene lugar en el momento en que se habla: *Te **hablo** y no me **escuchas**.*
Pretérito imperfecto	Expresa acciones pasadas sin precisar el principio ni el final de la acción: *Pedro **trabajaba, comía y dormía**.*
Pretérito perfecto	Expresa acciones realizadas en el pasado y que perduran en el presente: *Se cayó y se **ha roto** el brazo.*
Pretérito indefinido o perfecto simple	Expresa una acción realizada y acabada en el pasado sin tener relación con el presente: *Se **puso** malo y se **quedó** en la cama.*
Pretérito pluscuamperfecto	Expresa acciones pasadas y concluidas con relación a otras acciones pasadas: *Cuando le llamé, ya **había salido**.*
Pretérito anterior	Expresa una acción pasada, inmediatamente anterior a otra acción pasada: *Apenas me **hubo saludado**, se fue.*
Futuro imperfecto o simple	Expresa una acción futura en relación al momento presente: *Este fin de semana **iremos** a la playa.*
Futuro perfecto o compuesto	Expresa una acción futura anterior a otra acción futura: *Cuando venga, ya **habré terminado** de comer.*
Condicional simple	Expresa una acción futura o posible: ***Tendrías** que comer más para engordar.*
Condicional compuesto	Expresa una acción futura y acabada con relación a acciones pasadas: *Me dijo que **habría podido** venir.*

■ *Presente*

- Expresa una acción habitual: ***Me acuesto** a las diez.*

- Presenta las cosas como verdades generales: *Los tiempos **son** difíciles.*

- Puede referirse a acciones futuras: *Pedro **se va** a Inglaterra el mes que viene.*

- Puede referirse a acciones pasadas (presente narrativo): *Estaba sentado en el parque, **se acerca** un señor y me **pide** un cigarrillo.*

- Puede expresar una orden: ***Vas** al estanco y me **compras** cigarrillos.*

■ *Pretérito imperfecto*

Es el tiempo de la narración y, en ciertos casos y con valores especiales, de la descripción. En relación con los otros tiempos, indica una acción simultánea pero de más larga duración:

> ***Estaba** en la playa, **tomaba** el sol tranquilamente y entonces vi a Juanito con su novia.*

- Expresa acciones habituales o repetitivas en el pasado: *Cuando **salía** a la calle no **paraba** de saludar.*

- En lenguaje coloquial, reemplaza al condicional: *Si pudiera, me **casaba** de nuevo.*

- En lenguaje coloquial, puede tener valor de cortesía: *¿**Quería** usted algo?*

- Precedido del adverbio **ya**, puede tener un valor incoativo: ***Ya entraba** en el portal cuando empezó a tronar.*

■ *Futuro imperfecto*

- Puede tener valor de imperativo: *Te **presentarás** y te **dirán** lo que tienes que hacer.*

- Puede expresar la probabilidad en el presente: *No ha venido, **estará** enfermo.*

- Puede expresar sorpresa: *No me ha visto, ¡**será** despistado!*

■ *Condicional simple*

- Puede expresar el consejo, el deseo, la cortesía: *Yo que tú, **iría** más despacio.*

•Puede expresar la probabilidad en el pasado:

*Si no cogió el teléfono, no **estaría** en casa.*

•En oraciones subordinadas tiene un valor de futuro con relación a una oración principal en pasado:

*Me prometió que **vendría** este fin de semana.*

■ Condicional compuesto

•Puede expresar una acción futura y posible relacionada con verbos en pasado:

*Creía que a estas horas ya **habría llegado**.*

•Puede expresar, como el condicional simple, el consejo, el deseo, la cortesía:

***Habría podido** tener más cuidado.*

Puede tener un valor de probabilidad:

*De no venir, **habría llamado**.*

3 RELACIONES ENTRE LOS TIEMPOS DEL PASADO

Ejemplo: *El otro día Pepe **paseaba** y **corría**. De pronto **resbaló, se cayó, se rompió** una pierna y ya le **han dado** de alta.*

Valores y usos del indicativo en oraciones subordinadas

1 LAS ORACIONES CAUSALES Y CONSECUTIVAS

■ *En general*

Las oraciones causales y consecutivas expresan la causa y la consecuencia enunciada por el verbo principal, es decir, un hecho real, una acción realizada. El modo habitual de estas oraciones es el indicativo.

■ **Las oraciones consecutivas** van encabezadas por las conjunciones y locuciones siguientes:

Así que, de manera que, de modo que, de tal modo que, tan(to) que, etc.:

      *Ha comido **tanto que se ha puesto** enfermo.*

■ **Las oraciones causales** van encabezadas por las conjunciones y locuciones siguientes:

Como, dado que, en vista de que, porque, puesto que, etc.:

      ***Como** no **estáis** de acuerdo, vamos a discutirlo.*

Observaciones:

•Algunas de estas locuciones pueden expresar otro matiz que no sea causal o consecutivo y formar oraciones subordinadas que admitan el modo subjuntivo:

      ***Como** no **vengas** pronto voy yo.* (Matiz condicional.)

•Por otro lado, si la causa y la consecuencia expresadas por la subordinada fueran presentadas como un hecho irreal, el modo de la subordinada sería naturalmente el modo subjuntivo:

      *No hablé **tan** alto **que pudiera** oírme.*

2 LAS ORACIONES INTERROGATIVAS INDIRECTAS

Estas oraciones se construyen con **si** o con pronombres o adverbios interrogativos (**qué, quién, cuál, dónde, cómo,** etc.) y van siempre en indicativo:

      *Dime **si quieres** quedarte aquí.*
      *Me pregunto **qué** le **ha pasado**.*
      *No sabía **dónde** lo **había puesto**.*
      *Pregunta **si has recibido** la carta o no.*

3 LAS ORACIONES COMPARATIVAS

Las oraciones comparativas expresan el resultado de la comparación de igualdad, de superioridad o de inferioridad de dos oraciones. Por eso estas oraciones, cuando son afirmativas, van siempre en modo indicativo. Las acompañan:

Igual que, tanto como, tanto cuanto, más ... (de lo) que, menos ... (de lo) que, etc.:

> *Sabe **tanto como** yo **suponía**.*
> *Soy **más** astuto **de lo que se cree**.*
> *Ganó **menos de lo que se pensaba**.*

1 CONTRASTE INDICATIVO - SUBJUNTIVO

Indicativo	Subjuntivo
Es el modo de la realidad.	**Es el modo de la irrealidad.**
Expresa la certeza, la verdad objetiva, constata los hechos reales:	**Expresa la duda, la hipótesis, los juicios de valor, los hechos no constatados:**
*Creo que **es** verdad.*	*No creo que **sea** verdad.*
*Es indudable que **viene**.*	*Dudo que **venga**.*
*Conozco lo que **pasa**.*	*Me extraña que lo **sepas**.*
*Sabe que **voy**.*	*Quiere que **vaya**.*

2 VALORES DEL SUBJUNTIVO EN ORACIONES INDEPENDIENTES

Mandato / Prohibición		***Venga** aquí.* ***No venga** aquí.*
Probabilidad	**con adverbios: quizás, tal vez**, etc.	***Quizás esté** enfermo.*
Deseo o exhortación	**¡Que + presente de subjuntivo!**	*¡**Que descanses**!*

■ *Mandato / Prohibición*

En particular para las formas negativas del imperativo:

***Ven** ahora mismo.*   ***No vengas** ahora mismo.*
***Venid** mañana.*   ***No vengáis** mañana.*

■ Probabilidad

Con los adverbios: *acaso, posiblemente, quizás, probablemente, sin duda, tal vez,* colocados al principio de la oración:

> *Quizás esté enfermo.*

Observaciones:

• Después de *a lo mejor* se utiliza siempre el indicativo:

> *A lo mejor no ha podido venir.*

• Si los adverbios de duda van colocados después del verbo, se usa el indicativo:

> *Está enfermo quizás.*

■ Deseo o exhortación

■ Con oraciones exclamativas: **¡Que + presente de subjuntivo!**

> *¡Que descanses!*
> *¡Que te diviertas!*
> *¡Que tengas suerte!*

■ Con frases exclamativas de deseo o amenaza:

> *¡Ojalá venga a verme!*
> *¡Mal rayo te parta!*
> *¡Quién supiera escribir!*

Observaciones:

Hay fórmulas repetitivas y expresiones con valor restrictivo que van en subjuntivo. Aunque no son realmente oraciones independientes, pueden interpretarse así por el sentido.

• Valor concesivo con fórmulas repetitivas:

> *Diga lo que diga, no tiene razón.*
> *Lo hará quiera o no quiera.*
> *Le guste o no le guste, tendrá que venir.*

• Expresiones diversas con valor restrictivo de excusa, disculpa o cortesía:

> *Que yo sepa / Que yo recuerde, nunca he estado aquí.*
> *En lo que esté en mi mano te ayudaré.*

Valores y usos del subjuntivo en oraciones subordinadas

El subjuntivo se utiliza en oraciones subordinadas según diferentes criterios:

1 CUANDO EL VERBO PRINCIPAL INFLUYE SOBRE EL VERBO SUBORDINADO, ÉSTE SE PONE EN SUBJUNTIVO

Por ejemplo, después de

- verbos que expresan duda, posibilidad:	
Dudo que, etc.	***Dudo que haya*** *venido.*
- verbos de voluntad, orden y prohibición:	
Quiero que, digo que, mando que, ruego que, aconsejo que, prohíbo que, etc.	***Te digo que vayas*** *a verle.*
- verbos de percepción negativa (en general):	
No creo que, etc.	***No creo que tenga*** *razón.*
- oraciones que expresan un juicio de valor:	
Es una pena que, es fantástico que, es posible que, es probable que, es lógico que, es natural que, es mejor que, parece mentira que, es una vergüenza que, es injusto que, más vale que, etc.	***Es posible que vayamos*** *de vacaciones.*
- verbos que expresan una reacción emotiva:	
Lamento que, me gusta que, me gustaría que, me extraña que, me sorprende que, etc.	***Lamento que estés*** *de mal humor.*
- verbos que expresan obligación personal:	
Es necesario que, es preciso que, hace falta que, etc.	***Es necesario que apruebe*** *los exámenes.*

2 CUANDO EL VERBO SUBORDINADO EXPRESA UNA ACCIÓN AÚN NO REALIZADA O EXPERIMENTADA, VA EN SUBJUNTIVO

■ *Oraciones temporales*

Introducidas por las conjunciones y locuciones: **cuando, a medida que, antes (de) que, así que, apenas, cada vez que, desde que, después (de) que, en cuanto, hasta que, mientras, nada más que, siempre que, tan pronto como,** etc.:

> *Volverá **así que pasen** cinco años.*

■ *Oraciones concesivas*

Introducidas por las conjunciones y locuciones: **aunque, aun cuando, a pesar de que, y eso que, por más que, por mucho (más) que,** etc.:

> *Me casaré **aunque** no **tenga** dinero.*

■ *Oraciones modales*

Introducidas por las conjunciones y locuciones: **como, conforme, cual, cuanto, de manera que, de modo que, según,** etc.:

> *Que lo haga **como pueda**.*
> *Habla **de manera que** nadie le **entienda**.*

■ *Oraciones de lugar*

Introducidas por el adverbio **donde**, precedido a menudo por las preposiciones: ***a, de, desde, en, hacia, hasta, por***:

> *Busco un sitio **donde esté** tranquilo.*

3 SIEMPRE VAN EN SUBJUNTIVO

■ *Verbos precedidos de locuciones finales*: **para que, a fin de que, a que,** etc.:

> *Hablo alto **para que** me **oiga**.*

■ *Oraciones condicionales*, cuando la condición es improbable o imposible de ser realizada:

> *Si lo **hubiera sabido** habría ido.*

■ *Oraciones comparativas condicionales*: **como si, igual que si, lo mismo que si (+ imperfecto de subjuntivo)**:

> *Me trata **como si fuera** tonto.*

Criterios de uso *indicativo-subjuntivo* en algunos casos

▌ EN LAS ORACIONES SUSTANTIVAS

■ *Indicativo*

Si el verbo principal constata un hecho, el verbo subordinado va en indicativo. Expresiones más frecuentes en la principal:

Es evidente que, está claro que, es cierto que, es verdad que, es seguro que, resulta que, es indudable que, no cabe duda de que, menos mal que, ocurre que, sucede que, parece que, está visto que, está demostrado que, etc:

Está visto que *nunca* **llegará** *a nada.*

■ *Subjuntivo*

Si el verbo principal influye o emite un juicio de valor, el verbo subordinado va en subjuntivo. Expresiones más frecuentes en la principal:

Es importante que, es recomendable que, es aconsejable que, es posible que, es probable que, es lógico que, es natural que, es mejor que, parece mentira que, es una vergüenza que, es injusto que, más vale que, etc:

Es mejor que busques *un empleo.*

▌ EN LAS ORACIONES CONCESIVAS

■ *Indicativo*

Si la acción expresada por el verbo subordinado constata un hecho, el verbo subordinado se pone en indicativo:

Aunque es *guapo, no me gusta.*

■ *Subjuntivo*

Si la acción expresada por el verbo subordinado no está verificada o experimentada, el verbo subordinado se pone en subjuntivo:

Aunque sea *guapo, no me gusta.*
Aunque fuera *guapo, no me gustaría.*

▌ EN LAS ORACIONES TEMPORALES

■ *Indicativo*

Si la acción expresada por el verbo subordinado se presenta como algo que ya se ha realizado o que ha tenido lugar, el verbo subordinado se pone en indicativo:

> **Cuando entra**, *todos se callan*.

■ **Subjuntivo**

Si la acción del verbo subordinado se presenta como algo que todavía no se ha realizado o que queda por verificar, entonces el verbo subordinado se pone en subjuntivo:

> **Cuando entre**, *todos le mirarán*.
> **Cuando entre**, *que todos se levanten*.

Notemos que, en ese caso, el verbo principal está en futuro o en imperativo.

4. CON LA PARTÍCULA *COMO*

•Cuando introduce una **oración causal**, es decir si la acción se limita a verificar un hecho, el verbo subordinado va en **indicativo**:

> **Como** no **está** *aquí, no le espero*.

•Cuando introduce una **oración condicional**, va en **subjuntivo**:

> **Como** no **esté** *aquí, no le espero*.

•Cuando introduce una **oración modal**, va en **indicativo o en subjuntivo** según constate un hecho o la acción no se haya realizado:

> *Lo hace* **como puede**.
> *Que lo haga* **como pueda**.

•**Como si** introduce una **comparativa condicional** y siempre va en **subjuntivo**:

> *Come* **como si** *nunca* **hubiera comido** *antes*.
> *Derrocha el dinero* **como si fuera** *rico*.

Observación:

Hay un uso coloquial de **Como si + indicativo** que expresa sobre todo provocación o desaire:

> *Si te vas* **como si te quedas**, *a mí me da igual*.

5. EN LAS ORACIONES CONDICIONALES (introducidas por SI)

La conjunción **si** introduce normalmente la oración subordinada condicional. Esta subordinada admite ambos modos: indicativo y subjuntivo.
La correlación de los modos y de los tiempos depende de la acción expresada por el verbo subordinado en función de los criterios: *condición realizada, condición realizable, posible en el futuro e irrealizable*.

■ Oraciones condicionales introducidas por SI

Tipos de condición	Verbo subordinado	Verbo principal	Ejemplos
Condición realizada Acción experimentada en el pasado.	**Indicativo** (tiempos del pasado salvo Pret. anterior)	**Indicativo** (tiempos del pasado salvo Pret. anterior)	*Si venía, se sentaba aquí.*
Condición realizable Acción probable o posible en el presente o en el futuro.	**Indicativo** Presente	**Indicativo** Presente Futuro **Imperativo**	*Si viene, se sienta aquí.* *Si viene, se sentará aquí.* *Si viene, siéntese aquí.*
Condición posible en el futuro Acción que no se realiza en el presente pero que es posible en el futuro.	**Subjuntivo** Imperfecto	Condicional Simple	*Si tuviera dinero, me casaría.*
Condición irrealizable Acción que no se realizó en el pasado.	**Subjuntivo** Pluscuamperfecto	Condicional Simple o Compuesto **Subjuntivo** Pluscuamperfecto	*Si lo hubiera sabido*, *no vendría* / *no habría venido* / *no hubiera venido.*

Observaciones:

•Con la conjunción **Si** no se puede utilizar nunca el presente de subjuntivo.

•En el **estilo indirecto**, la condición posible puede expresarse con un imperfecto de indicativo:

> *Me decía que, si **venía**, me lo diría.*

Otras formas de expresar la condición

Como + subjuntivo

> ***Como*** *no **llegue** pronto, me voy.*

Con el gerundio

> ***Articulando*** *bien, la gente te entendería.*

De + infinitivo

> ***De llover**, no saldría.*

Con las locuciones

A condición de que, a menos que, a no ser que, (en) caso de (que), con tal de que, salvo que, siempre que **+ subjuntivo**, siguiendo las reglas de la concordancia de los tiempos:

> ***Con tal de que digas** la verdad, todo tendrá una solución.*

Con *por si* o *por si acaso,* + indicativo

> *Esperaré **por si** alguien **llama**.*

Con participio

> ***Puestas*** *así las cosas, me retiro del grupo.*
> ***Visto*** *al trasluz, se ven manchas.*

---

1 FORMAS

Desde un punto de vista formal, ya se ha dicho que el imperativo sólo tiene formas propias en las segundas personas y que para las demás personas utiliza las del presente de subjuntivo.

◼ *Imperativo reflexivo*

En su forma afirmativa, los pronombres van siempre detrás del verbo y unidos a éste.

Se suprime la **s** de la terminación en la primera persona del plural.

Se suprime la **d** de la terminación en la segunda persona del plural.

●ejemplo: **Beberse**

imperativo	pronombres reflexivos	imperativo reflexivo
bebe	+te	**bébete**
beba	+se	**bébase**
bebamos	+nos	**bebámonos**
bebed	+os	**bebeos**
beban	+se	**bébanse**

◼ *Imperativo negativo*

Es el presente de subjuntivo en forma negativa.

●ejemplo: **Comer**

forma afirmativa		forma negativa
come	tú	**no comas**
coma	él / ella / usted	**no coma**
comamos	nosotros/as	**no comamos**
comed	vosotros/as	**no comáis**
coman	ellos / ellas / ustedes	**no coman**

---

2 USOS DEL IMPERATIVO

El modo imperativo expresa **órdenes, mandatos, ruegos y deseos**:

> *Habla y escucha.*
> *Venga Vd. aquí, por favor.*

Para las **prohibiciones** no se usa el modo imperativo sino el presente de subjuntivo en forma negativa:

> *No hables* (tú).

Observaciones:

•En las órdenes y prohibiciones se utiliza también a menudo el infinitivo en lugar del imperativo. Es un uso poco correcto pero que se va extendiendo:

Levantaros tarde,	por	*levantaos tarde.*
Iros pronto,	por	*idos pronto.*
No pasar,	por	*no paséis /no pasen /no pase.*
No tocar,	por	*no toquéis /no toquen /no toque.*

•Cuando el imperativo va acompañado de pronombres personales, éstos se colocan detrás del verbo de manera enclítica:

> *Siéntate aquí.*

*C*oncordancia de los tiempos

1 VERBO SUBORDINADO EN INDICATIVO

Independientemente del verbo principal, que puede estar en imperativo, y en presente, pasado o futuro de indicativo, si el verbo subordinado va en indicativo **puede estar en cualquier tiempo, salvo en pretérito anterior**:

Piensa / Piense		*voy*
Pienso		*iba*
Pensaba		*fui*
Pensé		*he ido*
He pensado	**QUE**	*había ido*
Había pensado		*iré*
Pensaré		*habré ido*
Pensaría		*iría*
Habré pensado		*habría ido*
Habría pensado		

2 VERBO SUBORDINADO EN SUBJUNTIVO

Si el verbo subordinado va en subjuntivo, **su tiempo depende del tiempo del verbo principal**. La concordancia de los tiempos se expresa de la manera siguiente:

verbo principal	verbo subordinado	ejemplos
Presente **Futuro** **Imperativo**	Pres. de subjuntivo	*Quiere que lo **hagas**.* *Querrá que lo **hagas**.* *Haz lo que te **diga**.*
	P. pf. de subjuntivo	*Es sorprendente que se lo **hayas dicho**.*
P. perfecto **P. imperfecto** **P. indefinido** **P. pluscpf.** **Condic. simple o compuesto**	Impf. de subjuntivo	*Ha querido que lo **hicieras**.* *Quería que lo **hicieras**.* *Quiso que lo **hicieras**.* *Había querido que lo **hicieras**.* *Querría / Habría querido que lo **hicieras**.*
	Pluscuamperfecto de subjuntivo	*Fue sorprendente que se lo **hubieras dicho**.*

Observación:

Cuando el verbo principal va en pretérito perfecto, la subordinada puede ir en ciertos casos en presente de subjuntivo:

*Le he dicho que **venga** lo antes posible.*

GRAMÁTICA Capítulos **Normas**	Referencias Ejercicios gramaticales		
III. GRUPO VERBAL *B. Significado y empleo* *de los tiempos y modos* *verbales.* **B. 1. Formas personales.**	NIVEL 1 págs.	NIVEL 2 págs.	NIVEL 3 págs.
20. Modo indicativo.	48-50	54-56	58-60
21. Valores y usos del indicativo en oraciones subordinadas.	48-50	54-56	58-60
22. Modo subjuntivo.	51-53	57-59	61-63
23. Valores y usos del subjuntivo en oraciones subordinadas.	51-53	57-59	61-63
24. Criterios de uso *indicativo /* *subjuntivo* en algunos casos.	54-56	60-62	64-66
25. Modo imperativo.	57-59	63-65	67-69
26. Concordancia de los tiempos.	60-62	66-69	70-73

Ejercicios Curso Práctico

III

Grupo verbal
B

B. Significado y empleo de los tiempos y modos verbales

B.2 Las formas no personales del verbo

El infinitivo

El infinitivo es asimilable a un sustantivo y puede llevar complementos y desempeñar las mismas funciones que cualquier otro sustantivo.

1 FUNCIONES

- Sujeto de una oración: *Leer abre la mente.*

- Atributo de una oración: *Querer es **poder**.*

- Complemento de un verbo: *Se fue sin **habérmelo dicho**.*

- Complemento de un sustantivo: *Una máquina de **escribir**.*

- Complemento de un adjetivo: *Fácil de **hacer**.*

Observación:

El infinitivo no puede ir precedido de las preposiciones *ante, bajo, contra, desde, durante, hacia, según.*

2 VALORES

■ ***Equivale a otros modos, se sustantiva y forma oraciones subordinadas***

■ **El infinitivo puede reemplazar, en ciertos casos, a otros modos**

- al indicativo: *¿Qué haces? **Descansar**.*
- al imperativo: *¡**A callar**, niños! = ¡Callaos!*

■ **Sustantivación del infinitivo**

- el infinitivo puede funcionar como un nombre: *El **toser** es síntoma de gripe.*

■ ***Con algunas preposiciones tiene un significado particular formando oraciones subordinadas***

- valor temporal, **al + infinitivo:**   *Al **entrar**, me saludó.*

- valor condicional, **de + infinitivo:**   *De **hacerlo**, hazlo ya.*

- valor concesivo, **con + infinitivo:**   *Con **ser** guapa, no tiene éxito.*

- valor causal, **por + infinitivo:**   *No **por** mucho **madrugar**, amanece más temprano.*

- valor final, **por + infinitivo:** (acción inacabada)   *Tenemos muchas cosas **por resolver**.*

Las perífrasis verbales consisten en la unión de un verbo auxiliar con una de las tres formas no personales del verbo: infinitivo, gerundio y participio.

El verbo auxiliar pierde parte de su sentido original y cobra un sentido particular al asociarse a una de esas formas no personales.

■ *Perífrasis verbales de infinitivo*

Las perífrasis verbales de infinitivo consisten en la unión de un verbo auxiliar y el infinitivo:

Acabar de + infinitivo	= *Hace un momento:* **Acabo de llegar** *de la ciudad ahora mismo.*
Darle a uno por + infinitivo	Expresa una acción de capricho: **Le ha dado por dejarse** *el bigote.*
Deber + infinitivo	Expresa obligación: **Debe comer** *menos para adelgazar.*
Deber de + infinitivo	Expresa probabilidad: **Debe de estar** *enferma porque no ha venido.*
Dejar de + infinitivo	= *Cesar, parar de:* **Ha dejado de fumar.**
Echar(se) a + infinitivo	= *Empezar:* *No sé por qué* **se echó a reír.**
Estar para / por + infinitivo	Expresa intención: **Estoy por ir** *a casa.* *En este momento* **estaba para salir.**
Haber de + infinitivo	Expresa obligación: **He de llegar** *a la hora.*
Haber que + infinitivo	= *Es necesario que:* **Hay que practicar** *algún deporte.*

Ir a + infinitivo	Expresa la idea de futuro inmediato: ***Voy a ver*** *lo que cuenta.*
Llegar a + infinitivo	*= Por fin, al final, finalmente:* ***Llegué a convencerle*** *de que tenía razón.*
Llevar sin + infinitivo	Duración: ***Llevo*** *dos meses **sin verte**.*
Poder + infinitivo	Posibilidad: ***No puedo acabarlo***.
Ponerse a + infinitivo	*Empezar a, comenzar a + infinitivo:* *Se **puso a gritar** como un loco.*
Quedar en + infinitivo	*= Ponerse de acuerdo para realizar algo:* ***Quedaron en verse*** *a las diez delante del cine.*
Querer+ infinitivo	Deseo: ***Quieren irse*** *ya.*
Romper a + infinitivo	Expresa un comienzo rápido, brusco: ***Rompió a llorar*** *como un niño.*
Tener que + infinitivo	Expresa obligación y necesidad: ***Tengo que pagar*** *lo que debo.*
Venir a + infinitivo	*= Más o menos:* ***Viene a ganar*** *lo mismo que yo.*
Volver a + infinitivo	*= Otra vez, de nuevo:* *En cuanto pueda **volveré a verle**.*

28 *E*l participio

Varía en género y número y es asimilable a un adjetivo. Por eso, si acompaña a un sustantivo, concuerda con él en género y número.

Con el auxiliar **haber** forma los tiempos compuestos, y en ese caso el participio es invariable. No se puede introducir nada entre el auxiliar y el participio:

> ***He comido*** *muy bien.*

Con el auxiliar **ser** forma los tiempos de la voz pasiva. Concuerda en género y número:

> *El torero* ***fue sacado*** *a hombros por su cuadrilla.*

1 FUNCIONES

•**Atributo con los verbos ser y estar:**

> ***Estoy cansado*** *de trabajar.*
> *¿****Eres soltera o casada****?*

•**Complemento del nombre:**

> *Vendían castañas* ***asadas.***

2 VALORES DEL PARTICIPIO ABSOLUTO

Se llama así a la asociación de un participio con un nombre como sujeto propio, sin formar parte de la oración con la que se encuentra relacionado:

> ***Convocadas*** *las elecciones, comenzó la campaña.*

•Valor temporal: ***Terminada la discusión****, todos se fueron (cuando se terminó).*

•Valor modal: ***Tapados los ojos****, jugábamos a la gallina ciega (con los ojos tapados).*

•Valor concesivo: *(Aun)* ***dada la solución****, no entendía el problema (aunque tenía la solución).*

•Valor causal: ***Averiado el coche,*** *no pudimos usarlo. (como estaba averiado).*

PERÍFRASIS VERBALES DE PARTICIPIO

Las perífrasis verbales de participio consisten en la unión de un verbo auxiliar y el participio:

Andar + participio	Expresa una acción durativa: *No sé lo que te pasa, **andas muy preocupado**.*
Dar por + participio	Expresa una acción considerada como terminada: ***Doy por concluida** la discusión.*
Dejar + participio	Expresa la consecuencia producida por una acción anterior: *El trabajo te **ha dejado agotado**.*
Estar + participio	Expresa una acción realizada o/y que puede continuar: ***Estoy harto.***
Ir + participio	Expresa una insistencia, un refuerzo: *Siempre **va muy bien vestida**.*
Llevar + participio	*= Haber + participio con o sin sentido repetitivo:* ***Llevo enviadas** muchas demandas de empleo.* ***Llevo puestos** los zapatos nuevos.*
Quedar + participio	Expresa una acción ya terminada: *El problema ya **quedó resuelto**.*
Quedarse + participio	Resultado: *Se **quedó pasmado**.*
Tener + participio	Tiene varios sentidos: terminación, duración, repetición, acumulación: ***Tengo pensado** cambiar de piso.* *Te **tengo dicho** que no hagas ruido.* ***Tengo escritas** muchas cartas.*

29

El gerundio

El gerundio es asimilable fundamentalmente a un adverbio.

El gerundio compuesto denota una acción acabada, anterior a la del verbo principal:

> **Habiendo dicho** eso, salió corriendo.

En usos familiares admite el diminutivo:

> **Andandito, andandito,** llegarás lejos.

1 VALORES

- •Causal: **Viendo** que no estaba ahí, me fui (Como no estaba).

- •Condicional: **Estando** juntos, triunfaremos (Si estamos juntos).

- •Concesivo: (Aun) **siendo** tan rico como es, no podrá comprar esa casa (Aunque sea tan rico).

- •Temporal: **Habiendo pasado** los cien años, la Bella Durmiente se despertó (Cuando pasaron cien años).

- •Modal: Se puso a hablar **gritando** (A gritos).

2 PERÍFRASIS VERBALES DE GERUNDIO

Las perífrasis verbales de gerundio consisten en la unión de un verbo auxiliar y el gerundio:

Andar + gerundio	Expresa una acción durativa: **Andan diciendo** que van a bajar los impuestos.
Acabar / Terminar + gerundio	Expresa el desenlace de una acción: **Acabó dándose** cuenta de su error.
Estar + gerundio	Expresa una acción que dura en el momento presente: **Estábamos comiendo** cuando llegó él.
Ir + gerundio	= Poco a poco: El niño **va creciendo**. Expresa modo: **Va cantando** por la calle.

Llevar + gerundio	= *Hace... que:*
	Llevo aprendiendo español cuatro años.
Quedar(se)+ gerundio	Expresa la permanencia:
	Me quedé durmiendo la siesta toda la tarde.
Seguir + gerundio	Expresa la continuidad de la acción:
	Sigue estudiando sin aprobar.
Venir + gerundio	Indica la idea repetida:
	Viene pensando últimamente que lo mejor sería marcharse al extranjero.

GRAMÁTICA
Capítulos **Normas**

Referencias
Ejercicios gramaticales

III. GRUPO VERBAL
B. Significado y empleo
de los tiempos y modos
verbales.
B. 2. Formas no personales.

	NIVEL 1 págs.	NIVEL 2 págs.	NIVEL 3 págs.
27. El infinitivo.	63-65	70-72	74-76
28. El participio.	63-65	70-72	74-76
29. El gerundio.	63-65	70-72	74-76

Ejercicios Curso Práctico

IV

Partículas

30

*E*l adverbio

El adverbio es una parte invariable de la oración que modifica el significado del adjetivo, del verbo o de otras palabras u oraciones. Nunca se intercala entre el verbo y el participio en los tiempos compuestos:

*He dormido **muy bien**.*

Algunas formas adverbiales pueden combinarse entre sí: *Lo pasamos* ***muy requetebién***.
Otras formas admiten sufijos con carácter afectivo o despreciativo: *muy* ***cerquita***, *allá* ***lejotes...***

1 Adverbios de lugar

Donde
Aquí, ahí, allí
Encima / Debajo
Arriba / Abajo
Delante / Detrás
Adelante / Atrás
Dentro / Fuera
Cerca / Lejos
Alrededor / Aparte

2 Adverbios de tiempo

Ahora
Antes, primero / Después, luego
Siempre / Nunca, jamás
Tarde / Temprano, pronto
Hoy / Mañana
Ayer / Anteayer
Aún, todavía, ya

3 Adverbios de cantidad

Muy, mucho
Algo, apenas, poco, medio
Todo / Nada
Demasiado / Bastante
Más / Menos
Además, incluso, también

4 Adverbios de modo

Así
Casi
Bien / Mal
Despacio / Deprisa
Como

5 Adverbios de afirmación

Sí
Claro
Cierto
También

6 Adverbios de negación

No
Tampoco
Jamás
Nunca

7 Adverbios de duda

Quizá(s)
A lo mejor
Tal vez
Acaso

Y los adverbios terminados en **-mente**: rápida**mente**, tranquila**mente**, etc.

Observación:

Analizamos a continuación las particularidades de algunos adverbios así como los diferentes matices que pueden tomar cuando a estos adverbios se les añade una preposición formando así una locución preposicional.

1 ADVERBIOS DE LUGAR

Abajo, acá, adelante, afuera, ahí, alrededor, allá, allí, aparte, aquí, arriba, atrás, cerca, debajo, delante, dentro, detrás, donde, encima, enfrente, fuera, junto, lejos, etc.

■ *Locuciones adverbiales de lugar*

Acá y allá, aquí y allí, allá arriba, aquí abajo, calle arriba, calle abajo, de arriba abajo, de aquí para allí, en ninguna parte, en todas partes, etc.

■ *Particularidades de algunos adverbios*

■ AQUÍ, AHÍ, ALLÍ, ALLÁ

Aquí = en este lugar
Ahí = en ese lugar
Allí, allá = en aquel lugar.

•Estos adverbios expresan la idea de cercanía o de lejanía en relación con la persona que habla y guardan una relación directa con los demostrativos:

*Este libro de **aquí** me interesa mucho.*

•Localizan no sólo en el espacio sino también en el tiempo:

*Nació **allá** por el año 1800.*

■ ENCIMA

Encima = en un lugar superior respecto a otro:

*Acerca esa silla y pon el paquete **encima**.*

•Puede significar *además*:

*Llega tarde y **encima** protesta.*

•Con la preposición **por**, puede tener un sentido figurado que significa *de modo superficial*:

*Leí las noticias **por encima** y no me enteré de nada.*

•En la lengua coloquial, con el verbo **estar**, significa *vigilar con mucha atención a una persona*:

*No puedo escaparme de casa, mis padres siempre están **encima**.*

• Tiene también el sentido de llevar *sobre sí, consigo*:

*No puedo pagar porque no llevo **encima** la cartera.*

DEBAJO

Debajo   = en un lugar inferior respecto a otro.

Debajo se opone a **encima**:

*Mira ahí, seguro que hay algo **debajo**.*

ARRIBA

Arriba   = en un lugar superior:

*Viven **arriba**, en el piso superior.*

Como interjección incita a la exaltación:

*¡**Arriba** esos ánimos!*

ABAJO

Abajo   = en lugar o parte inferior.

Abajo se opone a **arriba**:

*Viven **abajo**, en el piso inferior.*

• En un documento escrito tiene el significado de *después*:

*El importe total es el **abajo** mencionado.*

• Como interjección significa *desaprobación*:

*¡**Abajo** los racistas!*

ADELANTE

Adelante   = más allá.

Adelante se opone a **atrás**:

*No podemos seguir **adelante**, la calle está cortada.*

• Colocado después de un sustantivo indica la dirección más alejada:

*Circulaba carretera **adelante**.*

• Puede expresar el tiempo futuro:

***En adelante** trabajaré más.*

• En la lengua coloquial se utiliza para permitir la entrada de alguien:

- *¿Puedo entrar?*
- *Sí, **adelante.***

■ ATRÁS

Atrás   = a espaldas:

*Pon las manos **atrás**.*

Puede expresar el tiempo anterior:

*Semanas **atrás** llovió una barbaridad.*

■ DENTRO

Dentro   = en la parte interior de un espacio.

Dentro se opone a **fuera**:

*Búscalo en el cajón, está **dentro**.*

Como locución preposicional, con **de**, significa *al cabo de cierto tiempo*:

***Dentro de** una semana iré a verle.*

■ FUERA

Fuera   = en la parte exterior de un espacio:

*Armaba mucho jaleo y lo sacaron **fuera**.*

•Se emplea para echar a alguien de un sitio:

*¡Tú, Pablo, **fuera**! Estoy harto de ti.*

•Como locución preposicional, con **de**, tiene otros sentidos; equivale a *estar muy enfadado*:

*Estas cosas que me dice me ponen **fuera de** mí.*

•Puede tener también el sentido de *excepto, salvo*:

***Fuera de** nosotros, no había nadie más.*

■ CERCA

Cerca   = en un lugar próximo.

•**Cerca** se opone a **lejos**:

*Estoy a un paso, vivo muy **cerca**.*

•Puede tomar el sentido de *poco menos de*:

*Son las siete, o **cerca**.*

•Con la preposición **de** significa *a corta distancia*:

> *Nunca he visto **de cerca** a un tigre.*

LEJOS

Lejos   = a gran distancia en el espacio y en el tiempo:

> *El museo está muy **lejos**, en la otra punta de Madrid.*

•**A lo lejos**   = desde gran distancia:

> *A lo lejos se veían las casas.*

•**Lejos de**, como locución preposicional, señala oposición respecto a algo que se ha dicho:

> *Lejos de ayudarme, cada día me molesta más.*

ALREDEDOR

Alrededor   = lo que rodea alguna cosa:

> *Hicieron fuego y se sentaron **alrededor**.*

Como locución preposicional, con **de**, puede expresar la aproximación. Equivale a *más o menos*:

> *Tendría **alrededor de** los treinta años.*

APARTE

Aparte   = en otro lugar:

> *Puso sus cosas **aparte**.*

•Puede significar *de manera diferente*:

> *Esta factura hay que tratarla **aparte**.*

•A veces puede tener el significado de *salvo, excepto*:

> *Discusiones **aparte**, todo funciona.*

2 ADVERBIOS DE TIEMPO

Ahora, anteayer, antes, anoche, aún, ayer, cuando, después, entonces, hoy, jamás, luego, mañana, mientras, nunca, primero, pronto, siempre, tarde, temprano, todavía, ya.

Locuciones adverbiales de tiempo

Ahora mismo, a la vez, al día siguiente, a menudo, a la hora de, al mismo tiempo, a veces, de momento, de pronto, de vez en cuando, de ahora en adelante, dentro de poco, de tarde en tarde, de mañana, de repente, de pronto, en breve, en el acto, en seguida, hasta ahora, de hoy a mañana, de hoy en adelante, hoy por hoy, por ahora, por siempre, para siempre, pasado mañana, una vez a (la semana, al año ...) etc.

■ ***Particularidades de algunos adverbios***

■ **AHORA**

Ahora   = en este momento:

Ahora está trabajando.

• Puede significar también *hace un momento*:

Ahora acabo de enterarme.

• Puede indicar igualmente un futuro próximo:

Ahora lo sabremos.

• La locución **hasta ahora** equivale a *hasta dentro de un momento*:

Salgo a la farmacia, ¡hasta ahora!

• La locución **por ahora** corresponde a la expresión *por el momento*:

Por ahora, no sabemos lo que va a decidir.

■ **PRIMERO**

Primero   = ante todo, en primer lugar:

Primero haz lo que tienes que hacer, después irás adonde quieras.

Puede tener tener también el significado de *antes, más bien*:

Primero morir que traicionar.

■ **ANTES**

Antes   Indica anterioridad en el espacio y en el tiempo:

Se vivía mejor antes.

Antes se opone a **después**.

Puede indicar preferencia:

Prefiero no dormir antes que no llegar a tiempo.

■ **DESPUÉS**

Después   Indica posterioridad en el espacio y en el tiempo:

*Volvieron a casa mucho **después**.*

Puede indicar preferencia:

*Primero prefiero París, **después** Londres.*

LUEGO

Luego* = después:

*Primero me lavo, **luego** desayuno.*

La locución **desde luego** toma el valor de un adverbio de modo y equivale a *sin duda*:

Desde luego *que vendrá, porque no se pierde ni una fiesta.*

* Como conjunción puede significar también *en consecuencia*:

*No tienes un céntimo, **luego** no puedes comprar nada.*

SIEMPRE

Siempre = en todo tiempo:

*Cuando viene a Madrid, **siempre** me llama.*

•Puede tener el sentido de *en todo caso*:

*Espérate un poco: **siempre** estarás a tiempo mañana.*

•La locución **para siempre** significa *por tiempo indefinido*:

Me quedaré contigo **para siempre**.

NUNCA

Nunca = en ningún tiempo.

Nunca se opone a **siempre**:

Nunca *volveré a hablar con él.*

•Cuando está colocado después del verbo exige una palabra negativa delante de éste:

No *volveré **nunca** a hablar con él.*

•En frases interrogativas tiene un valor positivo y equivale a *alguna vez*:

*¿Has visto **nunca** algo igual? = ¿Has visto alguna vez algo igual?*

JAMÁS

Jamás = nunca:

Jamás me dijo lo que pensaba.

•Cuando está colocado después del verbo exige una palabra negativa delante de éste:

*No me dijo **jamás** lo que pensaba.*

•**Nunca jamás** pueden ir seguidos (y en este orden) para dar más fuerza a la oración:

Nunca jamás le prestaré una peseta.

PRONTO

Pronto = rápidamente, de inmediato:

Pronto tendré noticias suyas.

•Puede significar también *temprano*:

*No te preocupes, llegaré **pronto** esta noche.*

•La locución **de pronto** equivale a *de repente*, es decir, *repentinamente*:

De pronto tuvimos una avería y se paró el coche.

AÚN - TODAVÍA

Aún*, todavía   Expresa la duración de una acción hasta un momento determinado:

El autobús todavía no ha llegado.

Aún y **todavía** son intercambiables.

* **Aun** sin acento escrito es una conjunción y equivale a *incluso, hasta, también*:

Aun viéndolo, no lo creía.

YA

Ya*   Señala que lo expresado por el verbo está realizado:

Ya está aquí.

Expresa una afirmación o asentimiento:

- *No olvides que tienes que estar aquí a las diez.*
- *Ya, no te preocupes.*

*Cuando alguien llama se usa la expresión **ya voy** con el sentido de *en seguida*.

- *Alberto, vamos a comer, la comida está lista.*
- *Ya voy = En seguida voy.*

3 ADVERBIOS DE CANTIDAD

Además, algo, apenas, bastante, casi, cuanto, demasiado, excepto, más, menos, medio, mitad, mucho, muy, nada, poco, tan, tanto, todo, solamente, sólo, únicamente, etc.

Algo, poco, mucho, todo, etc. son también pronombres y adjetivos indefinidos.

 Locuciones adverbiales de cantidad:

Al menos, al por mayor, al por menor, a lo sumo, aproximadamente, cada día más, cada día menos, como máximo / mínimo, cuando más / menos, cuanto más / menos, poco a poco, poco más o menos, por lo menos, por poco, etc.

 *Particularidades de algunos adverbios*

MEDIO

Medio = no del todo:

> *Salió a la calle **medio** vestido.*

MUY, MUCHO

Muy, mucho* indican gran intensidad o frecuencia.

• **Muy** se utiliza delante de los adjetivos, participios o adverbios:

> *Está **muy** triste, **muy** cansado y vive **muy** lejos.*

• **Mucho** se utiliza detrás de los verbos o delante de los sustantivos:

> *Te quiero **mucho**.*
> *Tiene **mucho** dinero.*

TAN, TANTO*

• **Tan** se utiliza delante de los adjetivos, participios o adverbios:

> *¡Es **tan** generoso conmigo!*
> *Estás **tan** cansada como yo.*
> *No te coloques **tan** lejos.*

• **Tanto** se utiliza detrás de los verbos:

> *Me quiere **tanto**.*

* **Mucho, tanto**, colocados delante de los verbos, en ciertos casos, pueden tener una fuerza expresiva particular:

> ***Mucho** estás hablando tú hoy: te vas a quedar afónico.*
> *Si vienes como si no vienes, **tanto** me da.*

■ SÓLO

Sólo*   = solamente.

Sólo* equivale a las expresiones *no... más que, no... sino*:

> *Trabaja **sólo** por las tardes.*
> ***No** trabaja **más que** por las tardes.*
> ***No** trabaja **sino** por las tardes.*

*Solo puede ser adjetivo y no lleva acento escrito:

> *Por las tardes trabaja él **solo**.*

4 ADVERBIOS DE MODO

Así, adrede, aposta, aprisa, bien, casi, como, despacio, deprisa, mal, etc.

■ *Adverbios terminados en -mente*

•Casi todos los adjetivos pueden transformarse en adverbios añadiendo la terminación -**mente** a la forma femenina singular:

> *lenta* -> ***lentamente.***

•Cuando varios adverbios en **-mente** van seguidos, sólo se pone esta terminación en el último adverbio:

> *Habla **clara y correctamente**.*

■ *Locuciones adverbiales de modo*

•**A + adjetivo fundamentalmente femenino:**

A escondidas, a ciegas, a medias, a oscuras, a salvo, a tontas y a locas, etc.

•**A + sustantivo**:

A caballo, a pie, a patadas, a pies juntillas, etc.

•**De + sustantivo**:

De este modo, de hecho, de memoria, de paso, de verdad, etc.

•**Con + sustantivo**:

Con gusto, con razón, etc.

•**En + sustantivo**:

En un santiamén, en cuclillas, etc.

•Locuciones formadas mediante la construcción ***A + la + adjetivo***:

*Se marchó **a la francesa** (sin decir una palabra).*

•Locuciones formadas mediante la construcción **A + lo + adjetivo**:

*Hace las cosas **a lo grande** (con mucho lujo).*

Particularidades de algunos adverbios

ASÍ

Así   = de esta manera:

*¿Cómo te atreves a hacer las cosas **así**?*

•Expresa deseo, con sentido despreciativo:

*¡**Así** te parta un rayo!*

•En ciertos casos puede equivaler a *aunque*:

*Me esperaré a que se disculpe, **así** tenga que esperar muchos años.*

•Precedido de **y** sirve para introducir una consecuencia:

*Son unos desordenados **y así** de mal lo hacen todo.*

MAL

Mal es un adverbio que modifica a un verbo o a un participio u otro adverbio. No se debe confundir con la forma apocopada de **malo** (***mal***) que es un adjetivo y que se coloca delante del sustantivo:

*Es un **mal** chico o un chico **malo** (malo, mal = adjetivos).*
*Estoy muy **mal** (mal = adverbio).*

5 ADVERBIOS DE AFIRMACIÓN

Sí, cierto, ciertamente, claro, efectivamente, exacto, indudablemente, justo, naturalmente, también, seguramente, verdaderamente, ya, etc.

Locuciones adverbiales de afirmación

Claro que sí, ¡cómo no!, desde luego, en efecto, por supuesto, sin duda, etc.

Particularidades de algunos adverbios

SÍ

Sí, seguido de **que**, sirve para dar fuerza a la afirmación expresada:

***Sí que** sé lo que pasa.*

■ **TAMBIÉN**

También sólo se usa en contextos afirmativos:

> - *Vendrá el jueves.*
> - *Yo **también**.*

6 ADVERBIOS DE NEGACIÓN

No, jamás, nunca, tampoco, etc.

■ *Locuciones adverbiales de negación*

Al contrario, de ninguna manera, de ningún modo, en absoluto, ni mucho menos, ni siquiera, etc.

■ *Particularidades de algunos adverbios*

■ **TAMPOCO**

Tampoco sólo se puede usar en contextos negativos:

> - *No vendrá el jueves.*
> - *Yo **tampoco**.*

7 ADVERBIOS DE DUDA

Acaso, quizás, probablemente.

■ *Locuciones adverbiales de duda*

A lo mejor, es posible, es probable, parece ser, puede ser, tal vez.

Observación:

Tal vez, acaso, quizás y *a lo mejor* son equivalentes. Sin embargo, *a lo mejor* va seguido siempre de indicativo y las demás, generalmente, de subjuntivo. (*Véase Normas, cap. 22*, Modo subjuntivo, probabilidad, *pág. 127.*)

31

La preposición

La preposición es una palabra invariable de enlace que relaciona elementos de la oración y puede unir:

Un sustantivo con su complemento:	*Una persona **sin** importancia.*
Un verbo con su complemento:	*Voy **a** Sevilla.*
Un adjetivo con su complemento:	*Difícil **de** creer.*
Un adverbio con su complemento (es decir, locución preposicional o preposición compuesta):	*Delante **de** la estación.*

1 LAS PREPOSICIONES SIMPLES

A, ante, bajo, con, contra, de, desde, durante, en, entre, excepto, hacia, hasta, mediante, para, por, salvo, según, sin, sobre, tras.

■ *Matices*

• Punto de partida en el espacio y en el tiempo:	**DESDE**
• Origen y procedencia:	**DE**
• Destino de un movimiento:	**A**
• Dirección aproximada:	**HACIA, PARA**
• Límite de un movimiento:	**HASTA**
• Localización en el espacio:	
- en el interior de un lugar	**EN**
- tránsito por un lugar	**POR**
• Localización imprecisa en el espacio y en el tiempo:	**HACIA, SOBRE, ENTRE**

Usos de las preposiciones simples

A

•Con un verbo de movimiento expresa dirección:	*Voy **a** la piscina.*
•Delante del complemento indirecto:	*Di la dirección **a** mi amigo.*
•Delante del complemento directo de persona y de animal o cosa personificados:	*Voy a ver **a** mi madre.*
•En la estructura **a + infinitivo** con sentido imperativo:	*¡**A** callar!*
•Para indicar el lugar en donde, con respecto a otro punto:	*Se sentó **a** la derecha de su amigo.*
•Para expresar distancia:	*Está **a** 4 kms.*
•Para expresar tiempo:	*Se acuesta **a** las diez de la noche.*
•Para expresar periodicidad:	*Tómalo dos veces **al** día.*
•Para indicar la manera y el medio:	*Lo hizo **a** su aire.* *Voy **a** pie.*
•Para indicar precio por unidad:	*Los helados están **a** cien pesetas.*
•Para introducir algunas expresiones:	*Estar **a** la vista.* *Montar **a** caballo, etc.*

ANTE

•Expresa situación delantera:	*Se presentó **ante** el juez.*
•Puede tener el sentido de *respecto a*:	*No puedo comprometerme **ante** esta situación.*
•Puede expresar preferencia:	***Ante** todo, prefiero ocuparme de lo mío.*

BAJO

•Significa *debajo de*:	*Se puso a la sombra **bajo** el árbol.*
•Puede significar *sometiéndose a*:	*Lo hizo **bajo** ciertas condiciones.*

CON

- •Expresa

- Compañía:	*Fui al cine **con** un amigo.*
- Medio o instrumento:	*Come **con** la cuchara.*
- Modo:	*Lo hizo **con** delicadeza.*

■ CONTRA

Expresa contrariedad u oposición:	*Chocó **contra** un árbol.*

■ DE

- •Expresa

- Posesión o pertenencia:	*El libro **de** mi hermano.*
- Origen o procedencia:	*Vengo **de** la Universidad.*
- Materia y cualidad:	*El reloj **de** oro.*
- Causa:	*Se puso rojo **de** vergüenza.*
- Modo:	*Trabaja **de** camarero.*
- Tiempo:	*Es **de** día, son las 8 de la mañana.*
•Introduce expresiones:	*Estar **de** pie.*

■ DESDE

Origen en el espacio y en el tiempo:	*Iré **desde** París a Londres.* *No lo he visto **desde** el año pasado.*

■ DURANTE

Denota tiempo:	***Durante** todo el invierno estuve enfermo.*

■ EN

- •Indica

- Un lugar, una situación:	***En** los viajes se aprende mucho.* ***En** Roma hubo emperadores.*
- El interior de un lugar:	*Entró **en** el bar.*
- El término de un movimiento:	*El niño se cayó **en** el patio.*
- El tiempo durante el cual tiene lugar la acción:	*Ocurrió **en** verano.* *Lo haré **en** un periquete.*
- Medio de transporte:	*Llegaremos **en** tren.*

- El precio, la valoración:	*Lo valoró **en** un millón.*
- El modo:	*Me lo dijo **en** voz baja.*
•Acompaña a algunos verbos:	*Pensar **en**, confiar **en**, quedar **en**, tardar **en**, fijarse **en**.*

■ ENTRE

•Expresa

- Una situación intermedia:	*Estaré ahí **entre** la una y las dos.*
- Una idea de asociación y cooperación:	***Entre** todos lo haremos.*
- Una localización imprecisa:	*Estaba **entre** mucha gente.*
- Acompaña a verbos que expresan elección:	*Escoger **entre**, elegir **entre**, decidir **entre**.*

■ EXCEPTO

| •Equivalente a *a excepción de*: | *Como todos los días fuera de casa **excepto** los lunes.* |

■ HACIA

•Expresa

- Una dirección aproximada:	*Voy **hacia** la ciudad.*
- Una localización imprecisa en el tiempo:	*Se casó **hacia** los años cincuenta.*
- Una localización imprecisa en el espacio:	*La discoteca se encuentra **hacia** la salida del pueblo.*

■ HASTA

•Expresa

- El punto límite de un movimiento:	*La línea 4 va **hasta** Sol.*
- El punto límite del tiempo:	*Durmió **hasta** la tarde.*
- Indica algo que se puede medir o contar hasta el final:	*Se lo pagaré **hasta** la última peseta.*

■ MEDIANTE

| •Equivalente a *por medio de*: | *Se curó **mediante** medicinas que le recetaron.* |

PARA	POR
•Movimiento (dirección hacia un destino):	•Movimiento (tránsito por un lugar):
*Se fue **para** Francia.*	*Anda **por** la calle.*
	•Movimiento con penetración:
	*Entra **por** la puerta.*
	•Desplazamiento geográfico, medio de transporte:
	*Manda un paquete **por** avión.*
•Tiempo, término fijo de un plazo:	•Tiempo impreciso o parte del día:
***Para** Navidad todo estará terminado.*	*Se echa la siesta **por** la tarde.* *Andaban **por** los cuarenta (años).*
•Localización en el tiempo de forma precisa:	•Localización aproximada en el tiempo:
*Te veré **para** tu santo.*	*Te veré **por** el verano.*
	•Duración aproximada de una acción:
	*He tenido suerte **por** unas horas.*
	•Expresa periodicidad:
	*Lo veo dos veces **por** semana.*
•Finalidad, uso, destino:	•Finalidad de una acción:
*Este regalo es **para** ti.*	*Todo **por** la patria.*
	•Indica precio o equivalencia:
	*Lo vendí **por** poco dinero.*
	•Indica medio o instrumento:
	*Le llamé **por** teléfono.*
	•Expresa causa, motivo:
	*Se cayó **por** distraído.*
	•Expresa modo, manera:
	*Lo hizo **por** la fuerza.*
	•Expresa reparto o distribución:
	*Tocamos a mil pesetas **por** cabeza.*
	•Expresa velocidad, tiempo:
	*Va a 30 **por** hora.*
•Expresa un punto de vista, una opinión:	•Expresa una implicación personal:
***Para** mí, el deporte es una necesidad.*	***Por** mí, no tengo inconveniente.*

■ SALVO

Equivalente a *excepto*:   *Irán todos **salvo** tú.*

■ SEGÚN

• Expresa

- Modo, parecer: ***Según** yo, las cosas no pueden seguir así.*

- Particularidad: ***Según** su manera de ser, no podrá gustar.*

■ SIN

Expresa privación: *Me fui **sin** despedirme.*

■ SOBRE

• Expresa

- Superposición: *El disco está **sobre** la tele.*

- Aproximación: *Llegó **sobre** las cinco.*

- Tema o asunto: *La conferencia fue **sobre** la droga.*

■ TRAS

Expresa posterioridad:
- en el espacio: *El sol se escondió **tras** los montes.*
- en el tiempo: ***Tras** los postres pronunció el discurso.*

2 LAS PREPOSICIONES COMPUESTAS O LOCUCIONES PREPOSICIONALES

Además de, al lado de, alrededor de, antes de, a pesar de, cerca de, con respecto a, de acuerdo con, debajo de, delante de, dentro de, después de, detrás de, encima de, en cuanto a, enfrente de, frente a, fuera de, junto a, lejos de, etc. Muchas de estas preposiciones compuestas son adverbios a los que se les añade una preposición. (*Véase Normas, cap. 30,* El adverbio, *pág. 151*).

■ *Usos de algunas preposiciones compuestas*

■ AL LADO DE

Expresa algo que está muy cerca: *Mi casa está **al lado de** la Universidad.*

■ ALREDEDOR DE

- Indica la situación de lo que rodea a alguna cosa:

*Se sentaron **alrededor de** la mesa.*

- Expresa aproximación:

*Tendría **alrededor de** veinte años.*

■ ANTES DE

Expresa anterioridad:

***Antes de** su llegada, ya habíamos cenado.*

■ CERCA DE

Indica proximidad:

*La calle donde vivo está **cerca del** centro.*

■ DEBAJO DE

Indica la posición inferior:

*Puse las cosas **debajo de** la mesa.*

■ DELANTE DE

Indica la posición anterior:

*Aparca **delante del** Ayuntamiento.*

■ DENTRO DE

Localiza en el interior de un lugar:

*Las llaves están **dentro del** cajón.*

■ DESPUÉS DE

Expresa posterioridad:

***Después de** la comida, se fue a dormir.*

■ DETRÁS DE

Indica la posición posterior:

*Se escondió **detrás de** la puerta.*

■ ENCIMA DE

Indica la parte superior:

*Puso los brazos **encima de** la cabeza.*

■ ENFRENTE DE

Indica la parte opuesta:

***Enfrente de** la casa hay un jardín público.*

■ FUERA DE

Indica la parte exterior de un espacio:

*Le echó **fuera de** casa.*

■ LEJOS DE

Indica lejanía:

*La estación está **lejos de** aquí.*

En español muchos verbos exigen determinadas preposiciones, ya sea de manera fija, ya sea en función del contexto en el que se utilizan. He aquí algunos ejemplos:

A

Abrigarse **contra** la lluvia.
Abstenerse **de** votar.
Aburrirse **de** no hacer nada **con** alguien.
Acabar **de** llegar.
Acabar **por** hacerlo.
Acercarse **a** un lugar.
Acertar **en** / **a** la lotería.
Acoger **en** casa **a** alguien.
Acordarse **de** un hecho.
Acostarse **con** alguien **en** la cama.
Adelantar **en** la carretera.
Adherirse **a** las ideas **de** alguien.
Admitir **en** el Instituto **a** alguien.
Advertir **del** peligro **a** alguien.
Aficionarse **a** un deporte.
Agobiarse **por** el trabajo.
Ahogarse **en** el mar.
Aislarse **del** público.
Alegrarse **de** una noticia.
Alejarse **de** la ciudad.
Alimentarse **con** / **de** carne.
Alternar **con** amigos **en** un pub.
Amenazar **con** la mano.
Anunciar **por** la radio / **en** la prensa.
Apartar **de** un sitio.
Apasionarse **por** la moda.
Apearse **del** autobús.
Aplicarse **en** clase.
Apostar **por** / **a** los caballos.
Aprovecharse **de** la vida / **de** alguien.
Aproximarse **a** la ciudad.
Arrepentirse **de** lo hecho.
Arrimarse **a** la mesa.
Asegurarse **contra** el robo.
Asegurarse **de** que es verdad.
Asistir **a** una cena **con** amigos.
Asociarse **con** los mejores.
Asomarse **por** / **a** la ventana.
Asombrarse **de** todo.
Aspirar **a** ser rico.
Asustarse **por** / **de** nada.
Atentar **contra** la vida.
Atraer **a** alguien **a** su lado.
Atreverse **a** hacer algo **con** alguien.
Aumentar **de** peso.
Ausentarse **del** trabajo.
Avergonzarse **de** la gente.
Avisar **de** algo **a** alguien.
Ayudar **en** algo **a** alguien.

B

Bañarse **en** el mar.
Bastar **con** hacerlo.
Beber **a** la salud **de** alguien.
Beber **por** la victoria.
Besar **en** la cara.
Bostezar **de** sueño.
Brindar **a** la salud **de** alguien.

Bucear **en** el mar.
Burlarse **de** la gente.
Buscar **por** donde ir **a** algún sitio.

C

Caer **por** el suelo.
Caerse **del** tejado.
*Cagarse de miedo.**
Calarse **de** agua.
Cambiar(se) **de** ropa.
Cansarse **de** todo.
Carecer **de** talento.
Casarse **con** alguien.
Cerrarse **en** banda.
Chocar **contra** un árbol.
Coincidir **en** las ideas **con** alguien.
Colocarse **de** enfermera.
Comparar **con** una cosa.
Competir **con** otro.
Comprometerse **con** alguien **en** un asunto.
Comunicarse **por** escrito **con** alguien.
Condenar **a** alguien.
Conducir **por** la carretera.
Confiar **en** alguien.
Confiarse **a** alguien.
Conocer **a** alguien **por** el andar.
Consentir **en** hacer algo.
Consistir **en** pocas cosas.
Constar **de** muchos capítulos.
Consultar **a** / **con** un médico.
Contar **con** sus amigos.
Contentarse **con** lo que uno tiene.
Contratar **por** un año.
Convencerse **de** su error.
Convenir **a** alguien algo.
Convenir **con** alguien **en** el precio.
Convidar **a** una fiesta **a** gente.
Convocar **a** una huelga.
Creer **en** Dios.
Cuidar **del** gato.
Cumplir **con** su palabra.
Curarse **de** una enfermedad.

D

Dar **a** la calle.
Dar **con** lo que se busca.
Dar **por** concluido.
Darse **a** la bebida.
Darse **por** vencido.
Dárselas **de** listo.
Decidirse **a** hacer algo.
Dedicarse **a** la poesía.
Deducir **de** un importe.
Defender **contra** los enemigos.
Dejar **de** fumar / **a** deber.
Depender **de** los padres.
Desaparecer **de** un sitio.
Descansar **del** trabajo.
Desconfiar **de** los demás.
Desembarcar **de** un barco **en** el puerto.

Deshacerse **de** una tarea.
Despedir **de** la empresa.
Despedirse **de** sus familiares.
Despertar **de** una pesadilla.
Destacar **por** / **en** algo.
Desviarse **del** camino.
Devolver **a** alguien algo.
Dimitir **de** un cargo.
Dirigirse **a** los demás.
Discutir **sobre** / **de** algo / **con** alguien.
Disfrazarse **de** algo.
Disfrutar **de** la vida.
Disponerse **a** salir.
Distinguirse **de** los demás **por** su talento.
Distraerse **con** los toros.
Divertirse **con** todos.
Dividir **en** partes iguales.
Dormir **en** la cama.
Dudar **de** alguien o **de** algo.

E

Echar **de** un sitio **a** alguien.
Echar **por** el suelo.
Echarse **en** la cama.
Ejercer **de** profesor.
Elegir **entre** muchos colores.
Embarcarse **en** un barco.
Emborracharse **con** vino.
Empeñarse **en** hacer algo.
Empezar **a** jugar.
Empezar **por** el principio.
Enamorarse **de** su profesor.
Encargarse **de** vigilar la entrada.
Encerrarse **en** casa.
Encontrarse **en** la calle **con** una amiga.
Enfadarse **de** verdad **con** alguien.
Enfrentarse **con** alguien.
Enseñar **a** alguien **a** hacer algo.
Ensuciarse **con** / **de** aceite.
Entender **de** ordenadores.
Entenderse **con** su vecino.
Enterarse **de** la verdad.
Entrar **en** casa **a** descansar.
Entusiasmarse **por** los idiomas.
Envolver **en** un paquete.
Equivocarse **de** sitio.
Escoger **entre** los que quedan.
Esconder **a** la vista **de** alguien.
Esforzarse **por** hacer algo.
Especializarse **en** informática.
Esperar algo **de** alguien.
Estar **a** 22 **de** agosto.
Estar **a** favor **de** algo o **de** alguien.
Estar **a** la hora exacta **en** un lugar.
Estar **con** alguien **para** no aburrirse.
Estar **contra** el nudismo.
Estar **de** moda.
Estar **de** profesor **en** Salamanca.
Estar **de** seis meses (embarazada).
Estar **de** vacaciones.
Estar **en** casa.
Estar **en contra de** alguien o **de** algo.
Estar **por** el Rey.
Estar **por** irse.
Estar **tras** un empleo.
Examinarse **de** español.
Excluir **del** grupo.
Excusarse **de** lo dicho **con** alguien.
Exigir algo **de** alguien.
Exponerse **a** un peligro.

Expresarse **con** propiedad.
Extrañarse **de** algo.

F

Faltar **en** algo.
Familiarizarse **con** algo.
Fardar **de** coche.
Fatigarse **de** andar.
Felicitarse **de** / Felicitar **por** un éxito.
Fiarse **de** sus amigos.
Fichar **por** un club.
Fijar **a** la pared.
Fijarse **en** alguien o **en** algo.
Freír **con** aceite **de** oliva.

G

Ganar **al** bingo.
Ganar **en** su categoría **a** un juego.
Gastar **con** facilidad.
Girar **a** / **hacia** la izquierda.
Grabar **en** una casete.
Guardar **en** una caja.

H

Habituarse **a** la buena vida.
Hablar **con** alguien **de** algo.
Hacer **de** malo **en** la obra.
Hacerse **a** la escuela.
Hartarse **de** ganar dinero.
Helarse **de** frío.
Heredar **de** sus tíos.
Huir **de** un sitio.

I

Identificarse **con** un ídolo.
Impacientarse **por** algo.
Implicar **en** un negocio.
Imponerse **a** sus amigos **por** sus cualidades.
Importar algo **a** alguien.
Imprimir **con** tinta.
Incitar **a** la violencia.
Inclinarse **a** / **hacia** un lado.
Indignarse **contra** alguien **de** / **por** algo.
Influir **en** algo.
Informar **a** alguien **sobre** un tema.
Inquietarse **por** algo.
Insistir **en** algo.
Inspirar deseos **a** alguien.
Inspirarse **de** / **en** una novela.
Instalarse **en** el campo.
Interesarse **por** algo o **por** alguien.
Intervenir **en** un asunto.
Introducirse **en** un lugar.
Invertir **en** la bolsa.
Invitar **a** alguien **a** una fiesta.
Ir **a** pie **a** la ciudad.
Ir **en** coche, **en** tren, **en** barco, **en** autobús, etc.
Ir(se) **de** vacaciones **con** alguien **a** un sitio.
Irse **de** Madrid.

J

Jugar **a** las cartas **con** alguien.
Juntarse **con** los demás.

L

Lamentarse **de** todo.
Levantar(se) **de** la cama.
*Liarse **con** alguien.**
Ligar **con** una chica **en** una discoteca.

171

*Ligarse **a** un tío.**
Limpiarse **con** un pañuelo.
Llamar **de** usted.
Llegar **a** algún lugar **con** alguien.
Llevar **a** casa **a** alguien.
Llevarse bien o mal **con** alguien.
Llorar **de** alegría **por** algo.
Llover **a** cántaros.
Luchar **contra** la droga.

M

Mancharse **de** grasa.
Mandar **por** el periódico.
Mandar hacer algo **a** alguien.
Mandar una carta **al** correo.
Mantener **a** sus hijos.
Mantener correspondencia **con**
alguien **por** carta.
Matarse **a** trabajar **para** ganarse la
vida.
*Mearse **de** risa.**
Merecer algo **de** alguien.
Meter **en** el cajón.
Meterse **con** alguien.
Meterse **en** la habitación **para** escu-
char música.
Mirar **por** la ventana **hacia** la montaña.
Mirarse **en** el espejo.
Mojarse **con** la lluvia.
*Mondarse **de** risa.**
Montar **a** caballo.
Montar **en** bicicleta.
Motivar **a** los alumnos.
Motivarse **a** hacer algo **con** alguien.
Moverse **de** un sitio.
Mudarse **de** casa **a** otro lugar.
Multiplicar **por** diez.

N

Nacer **en** Castilla.
Nadar **en** el mar.
Necesitar **de** su dinero **para** hacer algo.
Negarse **a** romper **con** ella.
Nombrar **a** alguien **para** un cargo.

O

Obedecer **a** sus padres.
Obligar **a** hacer algo.
Obstinarse **en** algo.
Ocuparse **de** hacer algo.
Olvidarse **de** algo.
Opinar **de** / **sobre** un tema.
Orientarse **hacia** el centro **de** la ciudad.

P

Pararse **a** sentarse **en** algún sitio.
Parecerse **a** alguien.
Participar **en** la discusión.
Partir **de** Madrid **para** París.
Pasar **de** todo.
Pasar **de** un sitio **a** otro.
Pasear **por** la calle **con** sus amigos.
Pelearse **con** alguien.
Pensar **en** algo.
Perder **de** vista.
Perderse **en** la ciudad.
Permanecer **en** un lugar.

Persuadir **de** algo **a** alguien **con** razones.
Pertenecer algo **a** alguien.
Poner **de** camarero.
Ponerse **a** estudiar.
Ponerse **de** acuerdo **con** los demás.
Precipitarse **desde** el balcón.
Preferir una cosa **a** otra.
Preguntar **por** alguien.
Preocuparse **por** algo.
Prepararse **a** hacer un examen.
Presumir **de** guapo.
Proteger **a** alguien **de** algo.
Protestar **contra** algo.

Q

Quedar **a** deber.
Quedar **a** las diez **en** algún sitio **con** la
familia.
Quedar **en** verse.
Quejarse **de** algo.
Quitarse **de** un sitio.
Razonar **con** alguien **sobre** un tema.

R

Recomendar **a** alguien.
Reconciliarse **con** sus amigos.
Reemplazar una cosa **por** otra **en** un
sitio.
Reflexionar **en** / **sobre** algo.
Reírse **de** los demás.
Repartir **entre** todos **a** partes iguales.
Residir **en** el campo.
Resolverse **a** hacer algo.
Responder **a** una pregunta **de** alguien.
Resumir **en** pocas líneas.
Rodearse **de** gente.
Romper **con** el novio.
Romper **en** llanto / **a** llorar.

S

Saber **a** naranja.
Sacar **del** bolsillo.
Salir **a** sus abuelos.
Salir **de** casa **a** la calle.
Salirse **con** la suya.
Saltar **de** un sitio **a** otro.
Satisfacer **a** alguien.
Secarse **al** sol.
Seguir **de** cerca **a** alguien.
Sentarse **a** la mesa / **en** la silla.
Ser **de** Valladolid.
Ser partidario **de** algo.
Servir **para** todo.
Servirse **de** su encanto.
Simpatizar **con** la gente.
Situarse **en** un lugar.
Sobresalir **por** sus cualidades.
Someterse **a** la norma.
Sonar **a** alguien conocido.
Soñar **con** los angelitos.
Sospechar **de** algo o **de** alguien.
Sostener **con** fuerza.
Subir **al** piso.
Suspender **a** alguien.

T

Tardar mucho **en** llegar.
Temblar **de** frío.
Temblar **por** su vida.
Tener ganas **de** salir.

Tener **por** mentiroso.
Tener un ligue **con** alguien.
Tocar **a** alguien hablar.
Tocar **a** misa.
Tocar **a** mucho.
Tomar **por** informal.
Tomarla **con** alguien.
Torcer **a** / **hacia** la derecha.
Traducir **del** español **al** inglés.
Transportar **de** un lado **a** otro.
Tratar **con** alguien.
Tratar **de** tú, **de** usted.
Tratar **de** un asunto.
Tratarse **con** alguien.
Triunfar **en** la vida.
Tropezar **con** / **contra** algo.

U

Unir algo **con** algo.

V

Vacilar **entre** dos cosas.
Valer **por** dos.
Valer **para** todo.
Variar **de** parecer.
Vender **por** poco.
Vengarse **de** alguien.
Venir **de** viaje.
Verse **en** dificultad.
Vestirse **a** la moda.
Vivir **a** gusto **con** poco **en** cualquier
parte.
Volver **a** hacer una cosa.
Volver **del** trabajo **a** casa.
Votar **con** / **por** la mayoría.

Z

Zambullirse **en** el agua.

* Se indican en cursiva las expresiones vulgares.

32

La conjunción

1 LAS CONJUNCIONES DE COORDINACIÓN

Las conjunciones de coordinación son palabras invariables que constituyen un nexo o unión entre palabras u oraciones de igual función.

Las principales conjunciones y locuciones de coordinación son las siguientes:

y / e, que	Unen elementos:	*Se sienta ahí **y** habla con todos.*
ni	Une elementos negativos:	*Está enfermo: no come **ni** bebe.*
o / u, **o ... o,** **bien ... bien,** **tal ... tal,** **ora ... ora,** **que ... que,** **sea ... sea,** **uno ... otro,** **cual ... cual,** **ya ... ya,** etc.	Indican una opción entre dos o varias posibilidades:	***O** vienes conmigo **o** te quedas aquí.*
pero, mas, **aunque, sino,** **sin embargo,** **antes, antes bien,** **más bien, si bien,** **a pesar de,** **con todo,** etc.	Oponen una cosa a otra:	*No es a Pedro **sino** a Juan a quien yo quiero.*
así pues, así que, **conque, es decir,** **esto es, luego,** **o sea, por esto,** **por (lo) tanto,** **por consiguiente** **pues,** etc.	Indican consecuencia y motivo:	*Has hablado tú, **luego** déjame hablar a mí. No me lo repitas, **pues** ya lo has dicho.*

2 LAS CONJUNCIONES DE SUBORDINACIÓN

Las conjunciones de subordinación propiamente dichas son pocas: **que, pues, si**. Pero la combinación de **que** con algunas preposiciones u otras partículas aumenta considerablemente el número:

◼ *Conjunciones y locuciones de tiempo*

Anterioridad: *antes (de) que, hasta que, primero que,* etc.

Posterioridad: *apenas, así que, desde que, después (de) que, en cuanto, luego que, nada más que, tan pronto como, una vez que,* etc.

Simultaneidad: *al tiempo que, a medida que, cuando, en tanto que, mientras (que),* etc.

Repetición: *cada vez que, siempre que, todas las veces que,* etc.

Límites de la acción: *desde que, hasta que,* etc.

◼ *Conjunciones y locuciones causales*

Porque, como, a fuerza de, dado que, debido a que, en vista de que, por miedo a que, pues, puesto que, que, ya que, etc.

◼ *Conjunciones y locuciones consecutivas*

De manera que, de modo que, de tal modo que, tan(to) que, etc.

◼ *Conjunciones y locuciones condicionales*

Si, a condición de que, a menos que, a no ser que, como, con tal de que, (en el) caso de que, no sea que, salvo que, siempre que, etc.

◼ *Conjunciones y locuciones finales*

Para que, a fin de que, a que, con objeto de que, por miedo a que, etc.

◼ *Conjunciones y locuciones concesivas*

Aunque, a pesar de que, así, aun cuando, bien que, por más que, por mucho que, si bien, y eso que, etc.

◼ *Conjunciones y locuciones comparativas*

De igualdad: *igual que, tan, tanto/a/os/as... como, tanto... cuanto,* etc.
De superioridad: *más... que,* etc.
De inferioridad: *menos ... que,* etc.

◼ *Conjunciones y locuciones modales*

Como, conforme, cual, cuanto, de manera que, de modo que, según (que), etc.

La partícula **que** puede desempeñar varias funciones:

Que: conjunción

• Como conjunción de coordinación (=**y**) equivale a *otra vez* en numerosas expresiones populares:

> *Corre* **que** *corre.*
> *Mira* **que** *mira.*
> *Dale* **que** *dale.*

• Como conjunción de coordinación equivale también a *o...o*:

> **Que** *quieras* **que** *no quieras, tendrás que hacerlo.*

• La lengua coloquial emplea **que** de manera superflua en muchas ocasiones:
    - en oraciones exclamativas:

> *¡Qué bien* **que** *se vive aquí!*

    - en respuestas a preguntas:

> - *¿Cómo has dicho?*
> - **Que** *no.*

    - para dar énfasis a una afirmación:

> **Que** *te lo digo yo.*

    - en repeticiones de preguntas:

> **Que** *qué quieres que te diga.*

• Introduce las oraciones sustantivas:

> *Es verdad* **que** *tiene razón.*
> **Que** *no haya venido no me sorprende nada.*
> *El (hecho de)* **que** *no diga nada prueba que lo sabe.*

• Introduce oraciones independientes de deseo:

> **Que** *(te) lo pases bien.*

• Introduce oraciones finales:

> *Ven* **que** *te diga una cosa.*

• Introduce oraciones consecutivas:

> *Hacía tanto calor* **que** *nos fuimos a la montaña.*
> *Hacía un frío* **que** *nos helábamos.*

• Introduce oraciones causales:

*Ven a casa, **que** ya es tarde.*

• Introduce oraciones comparativas:

*Pedro gana **más de lo que** tú ganabas.*
*Sonia es **menos** boba **de lo que** piensa Rafa.*

Que puede formar además, con adverbios o con preposiciones, numerosas locuciones conjuntivas.

■ Que: pronombre relativo

Que es el pronombre relativo más importante de todos.

• Su antecedente en la oración puede ser un sustantivo, un pronombre personal o demostrativo:

*La música **que** escuchas me gusta mucho.*

• Si no tiene antecedente introduce una oración de relativo sustantivada:

*Lo **que** escuchas me gusta.*

■ Qué: adjetivo y pronombre interrogativo y exclamativo

• Para preguntar por cosas en oraciones interrogativas directas e indirectas:

*¿**Qué** hay?*
*¿**Qué** música es?*
*No sé **qué** música tocan.*
*No sé **qué** es.*
*¡**Qué** barbaridad!*

• Para preguntar por personas en oraciones interrogativas directas e indirectas:

*¿**Qué** personas vienen a la reunión?*

■ Por que y Porque

La unión de **por** y de **que** forma partículas con diferentes valores.

• **Por qué** es un pronombre interrogativo:

*¿**Por qué** me lo dices?*
*No sé **por qué** te pones así.*

• **Porque** es una conjunción de causa:

*No habla casi nunca **porque** no sabe qué decir.*

• **Por que** es un relativo introducido por la preposición **por**:

*Es difícil conocer las razones **por que** ha hecho eso* (= por las que).

•**El porqué** y el plural **los porqués** son sustantivos:

*Se desconoce **el porqué** del drama.*

•**Porque** puede ser también una conjunción de finalidad:

*Trabaja mucho **porque** sus hijos estudien.*
*Se esfuerza **porque** todo le salga bien.*

*L*a interjección

La interjección es una palabra o un grupo de palabras que no forma parte de la oración y que se destaca de ella por pausas y por una entonación diferente. Se escribe entre signos de admiración: ¡ !

Expresa emociones del hablante:	*¡ay!*
o una llamada enérgica:	*¡eh!*
o describe la acción con onomatopeyas:	*¡zas!*

Existen dos tipos de interjecciones: las propias y las interjecciones y expresiones interjectivas derivadas.

1 LAS INTERJECCIONES PROPIAS

Son las que se emplean en la lengua de manera fija y que no tienen relación con el léxico común:

¡ay!, ¡olé!, ¡bah!, ¡ah!, ¡hale!, ¡huy!, ¡uf!, etc.

2 LAS INTERJECCIONES Y EXPRESIONES INTERJECTIVAS DERIVADAS

Son palabras o expresiones que existen en la lengua pero que se utilizan con un sentido particular:

*¡**Hombre**, tú aquí!*
*¡**Venga**, nos vemos mañana!*

3 PARTICULARIDADES DE ALGUNAS INTERJECCIONES Y EXPRESIONES INTERJECTIVAS

¡Abajo!	Significa desaprobación.
¡Adelante!	Permite a alguien entrar en un sitio o seguir hablando. Sirve para dar ánimos en general.
¡Ah!, ¡eh!, ¡oh!	Denota sorpresa, admiración o pena. **¡Eh!** sirve para llamar la atención.
¡Ahí va!	Indica sorpresa y asombro.
¡Alabado sea Dios!	Exclamación de conformidad, sorpresa o asombro.
¡Anda!	Sirve para expresar admiración o sorpresa.

¡Anda, dale!	Incita a alguien a marcharse o a actuar. Sirve para dar ánimos.
¡Ánimo! ¡valor!	Se utiliza para alentar a alguien.
¡Arriba!	Incita a la exaltación.
¡Atrás!	Se usa para hacer retroceder a alguien.
¡Auxilio! ¡socorro!	Sirve para pedir ayuda en un peligro.
¡Ay!	Expresa aflicción, dolor o sobresalto.
¡Ay, sí!	Expresa ilusión, alegría.
¡Bah!	Denota incredulidad o desdén.
¡Basta!	Se dice para poner término a una acción o una discusión.
¡Bravo! ¡olé! ¡viva!	Expresiones de entusiasmo con que se anima o se aplaude.
¡Caramba!	Denota extrañeza, enfado o sorpresa.
¡Cataplum!	Expresa ruido, explosión o golpe.
¡Chitón!	Impone silencio.
¡Dios mío!	Denota admiración, asombro, dolor, susto.
¡Hale!	Se dice para infundir aliento o meter prisa.
¡Hijo!	Indica protesta, admiración.
¡Hola!	Saludo familiar. Denota también extrañeza gustosa o desagradable.
¡Hombre!	Indica sorpresa o asombro.
¡Huy!	Denota dolor físico agudo, asombro o admiración.
¡Jesús!	Denota admiración, dolor, susto o lástima.
¡Ojo!	Se dice para incitar a tener cuidado o para advertir de algún peligro.
¡Por Dios!	Indica asombro, protesta.
¡Toma (ya)!	Expresa asombro o sorpresa.
¡Vale!	Expresa acuerdo, conformidad.
¡Vaya!	Indica sorpresa, desagrado, desilusión.

¡Vaya por Dios! **¡Válgame Dios!**	Denotan paciencia y conformidad.
¡Venga!	Expresión para pedir a alguien algo que tiene. Recientemente, como fórmula de despedida.
¡Y dale!	Expresa paciencia ante una repetición.
¡Zas!	Expresa el sonido que hace un golpe.

etc.

Observación:

Las interjecciones están vigentes en determinadas épocas cierto tiempo. Constituyen un campo abierto que puede enriquecerse con nuevas aportaciones que sustituyen a otras que dejan de emplearse. Así, por ejemplo, podemos oír, hoy en día, la interjección **¡venga!** casi equivaliendo a **¡adiós!,** pero nadie expresa ya asombro diciendo **¡cáspita!**

GRAMÁTICA
Capítulos **Normas**

Referencias
Ejercicios gramaticales

IV. PARTÍCULAS.

	NIVEL 1 págs.	NIVEL 2 págs.	NIVEL 3 págs.
30. El adverbio.	66-67	73-75	77-79
31. La preposición.	68-69	76-79	80-83
32. La conjunción.	70-72	80-82	84-86
33. La interjección.	70-72	80-82	84-86

Ejercicios Curso Práctico

V

Organización
de la frase

La oración simple

La oración simple está constituida por un grupo de palabras que forman una oración independiente respecto al resto del discurso. Sólo tienen un verbo y su modo es el indicativo salvo en las imperativas y las desiderativas.

Podemos distinguir varias clases de oraciones simples:

1 Oraciones afirmativas: *Tienes razón.*

2 Oraciones negativas: *No entiendo nada.*

3 Oraciones interrogativas: *¿Cómo te llamas?*

4 Oraciones exclamativas: *¡Qué chico más listo!*

5 Oraciones imperativas: *Dime la verdad.*

6 Oraciones desiderativas: *¡Que te vaya bien!*

1 LAS ORACIONES AFIRMATIVAS

■ **Generalidades**

En estas oraciones se afirma la realidad o la posibilidad de un hecho:

Tienes razón, hace calor.

■ **Refuerzo de la afirmación con BIEN**

Colocado al principio de la frase, da a la afirmación un matiz de insistencia:

__Bien__ que lo sé.

■ **Refuerzo de la afirmación con YA**

Colocado también al principio de la frase añade un matiz de fuerza y de decisión:

__Ya__ lo creo.

■ **Refuerzo de la afirmación con SÍ (QUE)**

Añade énfasis a la afirmación:

__Sí que__ estoy seguro.

■ **Refuerzo de la afirmación con SI YA**

Añade énfasis a la afirmación:

¡__Si ya__ te lo he dicho!

■ **Refuerzo de la afirmación con otros adverbios o locuciones adverbiales**

Muchos adverbios pueden reforzar la afirmación: *claro (que), naturalmente, lógicamente, francamente, por supuesto (que), la verdad (es) que, de veras*, etc.:

Por supuesto que está aquí.

2 LAS ORACIONES NEGATIVAS

■ *Generalidades.* Niega la realidad o la posibilidad de un hecho:

No entiendo. Nunca vienes.

La oración negativa se puede construir de varias maneras:

■ **No + Verbo**

No sé la respuesta.

■ **No + Verbo + reforzador con sentido negativo**

Como reforzadores:

- un adverbio: *nunca, jamás:*

No se lo diré nunca.

- un pronombre indefinido: *ninguno, nadie, nada:*

No compraré nada.

- locuciones adverbiales: *en mi vida, en absoluto, en parte alguna*, etc.:

No le hablaré en mi vida.

■ **Reforzador con sentido negativo + Verbo (sin la negación NO)**

Nunca se lo diré.
Nada te voy a contar.
En mi vida le hablaré.

3 LAS ORACIONES INTERROGATIVAS

■ *Generalidades.* Preguntan algo sobre un hecho que se ignora:

¿Cómo te llamas?   ¿Vendrá María?

•En la lengua escrita las interrogativas se caracterizan por dos signos interrogativos, uno al principio de la pregunta y otro al final: ¿...?:

¿Nos vemos pronto?

•De una manera general, en las oraciones interrogativas el sujeto se coloca después del verbo:

*¿Fuiste **tú** a verlo o vino él?*

•Cuando las introduce una palabra interrogativa, ésta lleva acento escrito. (*Véase también Normas, cap. 12 b,* Interrogativos y exclamativos, *pág. 74.*)

■ **Las interrogativas son introducidas:**

•**Por un verbo**		*¿**Estás** seguro?*
•**Por palabras interrogativas**		
¿Qué?	Invariable:	*¿**Qué** tienes ahí?*
¿Para qué?	Pregunta por la finalidad:	*¿**Para qué** quieres eso?*
¿Por qué?	Pregunta por la causa:	*¿**Por qué** no viene?*
¿Cuánto?	Adverbio, pregunta por la cantidad, la duración, el número:	*¿**Cuánto** cuesta eso?*
¿Cuánto, -a, -os, -as?	Adjetivo y pronombre, concuerda con el nombre:	*¿**Cuántas** veces fuiste al mar?*
¿Quién, quiénes?	Pronombre, representa a personas:	*¿**Quiénes** vinieron a la fiesta?*
¿Cuál, cuáles?	Pronombre, representa a personas y objetos:	*¿**Cuál** es tu opinión?*
¿Cuándo?	Adverbio, pregunta sobre el tiempo:	*¿**Cuándo** llegarán?*
¿Cómo?	Adverbio, pregunta sobre la manera:	*¿**Cómo** llegamos a tiempo?*
¿Dónde?	Adverbio, pregunta sobre el lugar:	*¿**Dónde** les encontraremos?*
•**Por un adverbio de negación**		
¿No?	Que espera respuesta afirmativa:	*¿**No** es precioso este niño?*
•**Por una expresión**		
¿A que?	= (Apuesto) a que:	*¿**A que** te sabes la lección?*

■ *Generalidades*

Las oraciones exclamativas expresan un sentimiento del hablante:

¡Qué chico más listo es!

•En la lengua escrita se emplea un signo de admiración al principio y otro al final: ¡...!

¡Viva la vida!
¡Que te voy a dar!

•Palabras que pueden encabezar la oración exclamativa *(véase también Normas, cap. 12 b, Interrogativos y exclamativos, pág. 74).*

Quién	*¡**Quién** fuera millonario!*
Qué	*¡**Qué** bonito es!*
Cuál	*¡**Cuál** fue la sorpresa!*
Cuánto	*¡**Cuánto** lo siento!*
Cómo, etc.	*¡**Cómo** estaba la calle!*

■ **Construcciones de las oraciones exclamativas**

•Palabra exclamativa + verbo: *¡**Cómo bebe!***

•Palabra exclamativa + adjetivo / adverbio + verbo:

*¡**Qué pronto vienes!***

•Palabra exclamativa + nombre:

*Pero, ¡**qué cara** tienes!*

•Palabra exclamativa + nombre + tan / más + adjetivo:

*¡**Qué chica más bonita** es!*

•Lo + adj. / adverbio + que + verbo

*¡**Lo difícil que era!***

Observación:

También existe la construcción de la oración exclamativa con elipsis del verbo, muy usual en la lengua coloquial:

¡Bonita situación! = *¡Bonita situación (es ésta)!*
¡Qué pronto! = *¡Qué pronto (has vuelto)!*

5 LAS ORACIONES IMPERATIVAS

■ *Generalidades*

Las oraciones imperativas expresan órdenes, mandatos, prohibiciones:

Dime la verdad.

Expresan órdenes y mandatos

- El imperativo: ***Ven*** *aquí.*

- El presente de indicativo: *Esta tarde* ***sacas*** *las entradas.*

- El futuro: *Tú* ***te sentarás*** *aquí.*

- A + infinitivo: *Niños,* ***¡a dormir!***

- Gerundio: ***¡Andando!***

- El infinitivo (uso coloquial):   ***¡Callaros!***

Expresan prohibiciones

- El imperativo negativo: ***No vengas.***

Observación:

En el uso culto y cortés se atenúa el imperativo con fórmulas como ***por favor***:

No te enfades, ***por favor****.*
Tráemelo ahora, ***por favor****.*

6   LAS ORACIONES DESIDERATIVAS

Generalidades

Las oraciones desiderativas expresan un deseo o una amenaza:

Que te vaya bien.

Expresan deseos y amenazas

- Que + presente de subj: ***¡Que*** *te lo* ***pases*** *bien!*
                                                   ¡Que *le* ***parta*** *un rayo!*

- Querer: ***Quisiera / querría / quería***
                                                   pedirte un favor.

- Ojalá + subjuntivo: ***¡Ojalá*** *no* ***sepa*** *la verdad!*

- Quién
(+ imperfecto de subjuntivo):   ***¡Quién veraneara*** *allí!*

35 *L*a oración compuesta

La oración compuesta está formada por varias oraciones que van unidas entre sí por elementos de enlace. Estas oraciones se clasifican en:

1 **Oraciones yuxtapuestas**
2 **Oraciones coordinadas**
3 **Oraciones subordinadas**

1 LAS ORACIONES YUXTAPUESTAS

Son una sucesión de oraciones simples separadas por una coma:

Es un aburrido: se levanta, coge el metro, trabaja, vuelve a casa, así siempre.

2 LAS ORACIONES COORDINADAS

■ *Generalidades*

Son oraciones de igual nivel, unidas entre sí por nexos de coordinación (*véase Normas, cap. 32,* La conjunción, *pág. 174*). Los más usuales son:

■ La conjunción Y, en frases afirmativas

*Se levanta **y** se lava.*

Si después de la conjunción **y** hay una palabra que empieza por **i** o **hi**, la conjunción se escribe **e**:

*Se cayó **e** hizo un gesto de dolor.*

■ La conjunción NI, en frases negativas

*Nunca llama **ni** escribe.*

Si hay varias oraciones, **ni** puede colocarse delante de cada oración:

***Ni** lee, **ni** juega, **ni** ve la tele, **ni** nada.*

o puede colocarse únicamente delante de la última oración siempre y cuando la primera comience por una palabra negativa:

***No** fuma **ni** bebe.*

■ La conjunción O, para expresar una alternativa

***O** te estudias los verbos **o** no sabes hablar.*

Si después de la conjunción **o** hay una palabra que empieza por **o**, la conjunción se escribe **u**:

*¿Escuchas **u** oyes?*

■ **Las conjunciones PERO o SIN EMBARGO para señalar una restricción**

> *Oye las palabras **pero** no entiende el sentido.*

■ **La conjunción SINO, para indicar una oposición**

La utilización de **sino** supone una negación en la primera oración:

> ***No** compraron un piso **sino** la casa entera.*

Si la oposición se efectúa entre dos oraciones con un verbo distinto, se añade **que**:

> ***No** sólo dormía mal **sino que** también roncaba.*

■ **Ya... ya, bien... bien, sea... sea, etc. para expresar una distribución de acciones**

> ***Ya** se sienta, **ya** se levanta.*

3 LAS ORACIONES SUBORDINADAS

 *Generalidades*

La oración subordinada desempeña una función gramatical dentro de otra llamada principal. Se dice que es dependiente de la proposición principal o que está subordinada a ella:

> *Creo **que no dices la verdad**.*
>
> *Quiero **que me digas la verdad**.*
>
> *Las cartas **que mandes** las guardaré.*
>
> *Estas cartas, **que he guardado aquí**, son importantes.*
>
> ***Quien llamó ayer** era mi cuñado.*
>
> *Lo comprendí **cuando me lo explicó**.*
>
> ***Cuando me lo explique**, lo comprenderé.*

La clasificación tradicional de las subordinadas las divide en: Sustantivas o completivas, adjetivas o de relativo, adverbiales o / y circunstanciales.

■ **Las oraciones sustantivas**

Estas oraciones pueden completar o sustituir a un verbo, un nombre, un adjetivo o un participio pasado.

Las oraciones sustantivas pueden llevar su verbo en infinitivo, en indicativo y en subjuntivo:

• En infinitivo

Hacer estudios de mercado *es muy útil para las empresas.*
*No tengo tiempo **de hacer los ejercicios.***
Soñar *no cuesta dinero.*

• Verbos en indicativo y en subjuntivo, con diferentes nexos

Que y **si** son los nexos más utilizados de las oraciones subordinadas sustantivadas.

- En indicativo. Con el nexo **que**:

*Es seguro **que viene**.*

- Las interrogativas indirectas van casi siempre en indicativo y las introducen **si** y adjetivos, pronombres y adverbios interrogativos (**qué, quién, dónde, cómo**, etc.):

*Te pregunto **qué** hora **es**.*
*Dime **dónde están** las llaves.*
*No sé **si** Pilar **estará** de acuerdo conmigo o no.*

- En subjuntivo. Con los nexos **que, el hecho de que**:

*Pidieron **que enviara** a un mensajero.*
***Que vengas** pronto es lo que te he dicho.*
*No creo **que salga** de casa hoy.*
***El hecho de que te calles** no me gusta.*

Observación:

Uso del indicativo o del subjuntivo en las oraciones sustantivas

Las diferencias en el empleo del indicativo o del subjuntivo en las sustantivas se deben:

• A la influencia semántica del verbo principal:

***Digo** que **está** cerca.*
***Dudo** que **esté** cerca.*

• A las constataciones negativas en la principal:

***Creo** que **te burlas** de mí.*
***No creo** que **te burles** de mí.*

• Y, en general, a la intención del hablante, que utiliza el subjuntivo cuando considera la acción posible o aún no realizada:

*No sé si **entro** a las 7 o a las 8. = No sé mi horario.*

*No sé si **entre** a las 7 o a las 8. = No sé si quiero entrar a las 7 o las 8.*

Las oraciones adjetivas o de relativo
(Véase Normas, cap. 12 a, Pronombres relativos, pág. 69.)

Ya se dijo que las oraciones de relativo sirven de complemento de un nombre de otra oración - *el antecedente* - al que modifican como un adjetivo, por eso se llaman así. Pueden ir con indicativo o con subjuntivo:

> *Trae las manzanas **que están maduras***
> (acción real, constatada).
> *Trae las manzanas **que estén maduras***
> (acción no constatada).

•Oraciones de relativo especificativas

No van separadas por comas de la oración principal:

> *Trae las manzanas **que están maduras**.*

•Oraciones de relativo explicativas

Se reconocen porque su relativo va precedido de coma:

> *Trae las manzanas**, que están maduras**.*

- Las *explicativas* suelen ir en indicativo porque son una información, no una selección como las *especificativas,* que admiten subjetividad.

•Adverbios relativos

Los adverbios relativos **como, cuando, donde,** etc. introducen oraciones adjetivas cuando se refieren a un antecedente de la principal:

> *Ese no es el modo **como** debes leer.*
> *Di el día **cuando** naciste.*
> *Puso el pan en el cajón **donde** le había dicho.*

Observación:

Si no tienen antecedente, *donde, como, cuando*, etc. introducen oraciones adverbiales de lugar, modo y tiempo respectivamente (*véase* Las oraciones subordinadas adverbiales y circunstanciales, *pág. 194*):

> *Hazlo **como** te he dicho.*
> ***Cuando** llamaste, me alegré mucho.*
> *Lo he puesto **donde** había sitio.*

•Sustantivación de adjetivas

Las oraciones adjetivas pueden sustantivarse cuando sus pronombres relativos no tienen antecedente:

> ***Lo que** se necesita es tranquilidad.*
> ***Quien** lo sepa que lo diga.*

Las oraciones subordinadas adverbiales y circunstanciales

Oraciones	Encabezadas por las partículas	INDICATIVO si el verbo subordinado constata un hecho	SUBJUNTIVO si el verbo subordinado expresa una acción que todavía no se ha realizado
Temporales	**Cuando,** antes (de) que, a medida que, apenas, cada vez que, desde que, después (de) que, en cuanto, hasta que, mientras que, nada más que, siempre que, tan pronto como, todas las veces que, etc.	*Cuando **vienes** a verme, me lo explicas.*	*Cuando **vengas** a verme, me lo explicarás.*
Concesivas	**Aunque,** a pesar de que, así, aun cuando, bien que, y eso que, por más que, por mucho que, si bien, etc.	*Me casaré **aunque** no **tengo** dinero.*	*Me casaré **aunque** no **tenga** dinero.*
Modales	**Como,** conforme, cual, cuanto, de manera que, de modo que, según, etc.	*Lo explico **según** lo **entiendo** yo.*	*Lo explicaré **según** lo **entienda** yo.*
De lugar	**Donde,** (a menudo precedido de las preposiciones: a, de, desde, en, hacia, hasta, por).	*Conozco un sitio **donde estoy** tranquilo.*	*Busco un sitio **donde esté** tranquilo.*
Finales	**Para que,** a fin de que, a que, con objeto de que, porque, que, etc.		*Canto **para que** el niño no **tenga** miedo.* (1)
Consecutivas	**De manera que,** de modo que, de tal modo que, que, tanto que, etc.	*Ha comido **tanto que** está enfermo.*	**(En frases negativas)** *No hablé **tan** despacio **que** me **entendiera.***
Causales	**Porque,** como, a fuerza de, dado que, debido a que, en vista de que, por miedo a (que), pues, puesto que, que, ya que, etc.	*Ya que no **tienes** cultura, lee un poco.*	
Comparativas	*Igualdad:* igual (de) (+ part., adj. o adv.+) que; tan (+ part., adj. o adv. +) como; tanto/a/os/as (+ nombre +) como. *Superioridad* : más... (de lo / que lo) que. *Inferioridad* : menos ... (de lo / que lo) que.	*Sabe **tanto como** yo **suponía.*** *Soy más astuto **que lo que se cree.*** *Ganó **menos de lo que pensaba.***	
Comparativas condicionales	**Como si,** igual que si, lo mismo que si + imperfecto de subjuntivo.		*Me trata **como si fuera** tonto.*
Condicionales (2)	**Si,** a condición de que, a menos que, a no ser que, como, con tal de que, (en el) caso de que, no sea que, salvo que, siempre que, etc.	*Si **viene,** se sienta aquí.*	*Si **viniera,** se sentaría aquí.* *Si **hubiera venido,** se habría sentado aquí.*

(1) **Para + infinitivo** si es el mismo sujeto: *Canto **para** no **tener** miedo.*   (2) (Véase *Normas, cap. 24,* Oraciones condicionales introducidas por si, *pág. 132.*)

Cuadro resumen: los contrastes indicativo / subjuntivo en las oraciones subordinadas

SUBORDINADAS	INDICATIVO	SUBJUNTIVO
Sustantivas		
Con **que**	*Creo* **que viene**.	*No creo* **que venga**.
Con **si**	*No sé* **si** *lo* **digo** *bien*.	*No sé* **si** *le* **diga** *que venga*.
Con **el hecho de que**	**El hecho de que habla** *bien no es determinante*.	**El hecho de que hable** *bien no es determinante*.
Adjetivas o de relativo	*(No) me importa la opinión* **que tiene**.	*(No) me importa la opinión* **que tenga**.
Adjetivas sustantivadas	**Quien** *bien te* **quiere** *te hará llorar*.	**Quien** *bien te* **quiera** *te hará llorar*.
Adverbiales o / y circunstanciales		
Temporales	**Cuando viene** *lo veo todo mejor*.	**Cuando venga** *lo veré todo mejor*.
Concesivas	**Aunque viene** *no nos vemos*.	**Aunque venga** *no nos veremos*.
De lugar	**Donde vive** *no hay fax*.	**Donde viva** *no habrá fax*.
Causales	*Lo hace* **porque quiere**.	*No lo hace* **porque quiera**.
Comparativas	*Es tan guapo* **como** *lo* **fue** *su padre*.	*No era tan guapo* **como** *lo* **fuera** *su padre*.
Condicionales	**Si quiero** *voy*.	**Si quisiera** *iría*. / **Si hubiera querido** *habría ido*.
Consecutivas	*Trabajó* **tanto que** *no* **pudo** *más*.	*No trabajó* **tanto que** *no* **pudiera** *más*.
Comparativas condicionales	*Por mí* **como si te vas** *o te* **quedas**; *me da igual*.	*Estás aquí* **como si** *no* **te fueras** *a ir*.
Finales		*Estoy aquí* **para que** *me* **veas**. *(Para + infinitivo con el mismo sujeto: Estoy aquí* **para ver***te.)*
Modales	*Lo haremos* **según dice**.	*Lo haremos* **según diga**.

Observaciones:

Tal como hemos visto, el uso del subjuntivo en vez del indicativo en oraciones subordinadas depende de varios criterios (*véase Normas, capítulos 22,* Modo subjuntivo, *23,* Valores y usos del subjuntivo en oraciones subordinadas *y 24,* Criterios de uso indicativo - subjuntivo en algunos casos, *págs. 126, 128, 130*).

•**La influencia semántica de algunos verbos y expresiones**

> *Quiero que vayas a la peluquería.*
>
> *Dudo que tenga mucho dinero.*
>
> *Es posible que lo terminemos.*
>
> *Me da igual que lo traiga Begoña.*
>
> *Lamento que te haya sorprendido la noticia.*

•**La influencia de una negativa en la principal**

> *Creo que viene.*   Pero   *No creo que venga hoy.*

•**La noción de acción constatada o acción que todavía no está constatada**

Esta noción abarca un número abundante de contrastes de indicativo frente a subjuntivo.
El indicativo expresa una noción real, constatada. Y para indicar que la acción se considera posible de realizar, de realización indeterminada o que no está constatada, se utiliza el modo subjuntivo:

> *No me importa la opinión que **tiene.***
> (Sé que tiene esa opinión.)
> *No me importa la opinión que **tenga.***
> (No sé / No me consta la opinión que pueda tener.)
>
> *Cuando **viene** lo veo* (hecho real de su venida).
> *Cuando **venga** nos veremos* (si es que viene).
>
> *Donde **vive** no hay fax* (en el lugar actual de su vivienda).
> *Donde **viva** no habrá fax* (en el lugar en que pueda vivir).

GRAMÁTICA

Capítulos Normas

Referencias
Ejercicios gramaticales

V. ORGANIZACIÓN DE LA FRASE.	NIVEL 1 págs.	NIVEL 2 págs.	NIVEL 3 págs.
34. La oración simple.	73-74	83-85	87-89
35. La oración compuesta.	75-77	86-88	90-92

Ejercicios Curso Práctico

VI

Características gramaticales del español

36.- El a b...z de la gramática

E l a b . . . z

1. LAS LETRAS

El español tiene tres letras particulares:

- la eñe (**ñ**):

*La mu**ñ**eca de Bego**ñ**a es española.*

- la elle (**ll**):

*La **ll**uvia en Sevilla es una maravilla.*

- la che (**ch**):

*Un **ch**iquillo, dos **ch**avales y un mu**ch**a-cho están de **ch**arla.*

2. MODIFICACIONES EN LA GRA-FÍA DE LAS LETRAS

Sonido (θ)
C se escribe ante las vocales **e, i**: **Ce**cilia.
Z ante las vocales **a, o, u**: **za**nahoria, **zo**quete, **zu**rrar (excepción **z**eta o **z**eda)

Sonido (g)
G se escribe ante **a, o, u**: **ga**to, **go**loso, **gu**la.
Gu se escribe ante **e, i**: **gu**erra, **gu**ión.
J se escribe ante **a, o, u**: **ja**ula, **Jo**sé, **Ju**an.
Pero ante **e, i** puede escribirse con **g** o **j**, según los casos: **Gi**jón, **Ji**jona.

Sonido (k)
C se escribe ante **a, o, u**: **ca**sa, **co**cina, **cu**chara.
Qu se escribe ante **e, i**: **que**rido, **Qui**to (excepción **K**ilo).

3. LA PRONUNCIACIÓN

Los sonidos particulares del español:

- el sonido (r) vibrante: *caro, barato.*
- el sonido (r̄) vibrante múltiple: *carro.*
- el sonido (θ) interdental: *cero, azúcar.*
- el sonido (χ) velar, (la parte posterior de la lengua se aproxima al velo del paladar): *jota.*

- los sonidos palatales (ɲ) y (λ): *niño, lluvia.*

Las letras **b** y **v** suenan igual actualmente.

La **y** la **ll** tienden a sonar igual.

La **h** no se pronuncia.

4. LA ACENTUACIÓN Y LA ENTO-NACIÓN

El acento es la mayor intensidad con la que se pronuncia una de las sílabas de una palabra. Cada palabra lleva un acento propio, excepto algunos mono-sílabos. Este acento puede variar de una palabra a otra, lo que da a la lengua una línea melódica o entonación particular.
El acento funciona como un rasgo distintivo en muchos casos:

> *papa, papá.*
> *varío, varió.*
> *íntimo, intimo, intimó.*
> *último, ultimo, ultimó.*

El acento se representa en la escritura, en ciertos casos, mediante la tilde o acento ortográfico:

música, jardín, árbol, escríbemelo.

5. LA DIPTONGACIÓN

Un diptongo son dos vocales que forman una sola sílaba.
La diptongación se produce en numerosos verbos cuando al conjugarlos el acento tónico recae sobre la **e** o la **o** final de la raíz. En ese caso la **e** diptonga en **ie** y la o en **ue**:

> preferir: *prefiero*
> promover: *promuevo*

6. LA ENCLISIS

de la gramática

Se llama así al hecho de que los pronombres personales se pongan después de los verbos formando una sola palabra con ellos.

Este fenómeno sucede con el infinitivo:

Iré a decírselo.

Con el gerundio:

Iba diciéndolo poco a poco.

Con el imperativo:

Dímelo ya.

7. LA APÓCOPE

Se llama así el hecho de perder una o varias letras al final de una palabra. Esto se produce cuando algunos adjetivos van colocados delante de un nombre, de un numeral, de un adjetivo o de un adverbio según los casos:

Un buen chico   *Un chico bueno*

En cualquier sitio   *En un sitio cualquiera*

San José   *Un santo.*

8. DIMINUTIVOS Y AUMENTATIVOS

Los diminutivos y los aumentativos son sufijos que añaden nuevos significados a los nombres, adjetivos e incluso a los adverbios y gerundios.
Los diminutivos añaden un valor de disminución con un sentido más bien afectivo.
Por ejemplo, la madre dice a su niño:

chico, chiquito, chiquitito, chiquitín, chiquirritín mío.

Los aumentativos añaden un valor más bien despreciativo:

regordete, gordinflón, comilón.

9. *SER* Y *ESTAR*

El español tiene dos verbos diferentes para lo que en otras lenguas es uno (*to be, être, sein, essere,* etc.). Estos dos verbos de frecuente utilización tienen una variedad de usos muy complejos.

El verbo **ser** es un verbo de existencia y de definición y como tal expresa las características esenciales de una persona o de una cosa:

Soy de Madrid, soy español y soy joven.

Al contrario, el verbo **estar** es un verbo de situación y de estado y como tal indica las circunstancias y sitúa en el espacio y en el tiempo:

Estoy sentado y estoy muy bien.

10. *HABER* Y *TENER*

El español tiene también dos verbos diferentes cuando en otros idiomas solamente hay uno (*to have, avoir, avere,...*).

Haber es un auxiliar que sirve para formar los tiempos compuestos:

He comido, había comido, hubo comido, habrá comido, etc.

Tener expresa la posesión:

Tiene mucho dinero.

Hay es una forma derivada de **haber** que expresa la existencia:

Hay mucha gente en la calle.

11. CONTRASTE INDICATIVO-SUBJUNTIVO

En español el modo indicativo es el modo de la realidad, por eso expresa la certeza, constata los hechos objetivos y reales. Mientras que el modo subjuntivo es el modo de la irrealidad y como tal expresa la hipótesis, la subjetividad, los hechos no constatados:

> Es indudable que **viene**.
> Dudo que **venga**.

La dificultad para escoger entre estos dos modos radica en el hecho de saber cuál es la intención del hablante: presentar las acciones como constatadas o realizadas o presentarlas como posibles o aún no realizadas:

*No me importa la opinión que **tiene**.*
*No me importa la opinión que **tenga**.*

12. GERUNDIO

El gerundio es un tiempo muy usado en español. El gerundio simple puede expresar una acción simultánea a la del verbo principal. El gerundio compuesto expresa una acción anterior.

Con diferentes infinitivos forma perífrasis verbales; por ejemplo, con **estar** expresa el aspecto durativo de la acción:

> **Estoy leyendo** el libro.

La función más general del gerundio es la de modificar al verbo como adverbio. También admite el diminutivo:

> **Andandito, andandito**, llegarás lejos.

13. *POR* Y *PARA*

Estas preposiciones son las que presentan mayor dificultad de uso.
Por ejemplo:

La preposición **para** indica el movimiento, la dirección hacia un punto, el tiempo, la finalidad, etc.:

> Salió **para** Madrid.
> **Para** Navidad todo estará terminado.
> Este regalo es **para** ti.

La preposición **por** expresa el tiempo impreciso, la localización aproximada, la causa, el medio o instrumento, el reparto, etc.:

> Te veré **por** el verano.
> Se cayó **por** distraído.
> Le llamé **por** teléfono.
> Tocamos a mil pesetas **por** cabeza.

14. CONSTRUCCIONES PARTICULARES: *GUSTAR*

Existen muchas maneras de expresar gustos, preferencias. El verbo **gustar** es el más habitual y también el más característico por su construcción:

(a mí)	**me gusta(n)**
(a ti)	**te gusta(n)**
(a él, a ella, a usted)	**le gusta(n)**
(a nosotros, a nosotras)	**nos gusta(n)**
(a vosotros, a vosotras)	**os gusta(n)**
(a ellos, a ellas, a ustedes)	**les gusta(n)**

15. EL ARTÍCULO NEUTRO *LO*

Existe en español un artículo determinado neutro que se utiliza sólo ante adjetivos:

> **Lo** bonito, **lo** bueno.

Lo se puede asociar al relativo **que** y equivale a un demostrativo:

> **Lo que** me gusta es verte.

Lo se puede asociar a la preposición **de + nombre** y significa *el asunto de*:

> He solucionado **lo del colegio**.

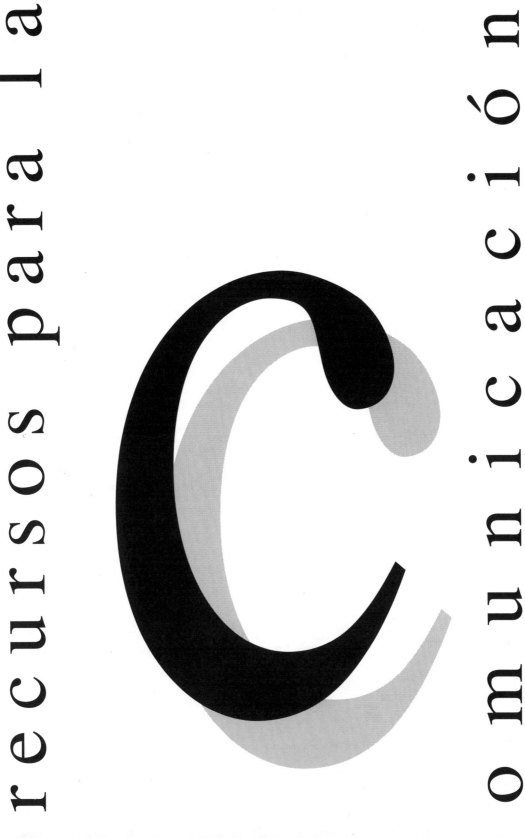

recursos para la Comunicación

Notas a Recursos
para la Comunicación

• En general se han elegido muestras de comunicación muy familiares; si se trataba de elegir entre tutear o llamar de usted se ha optado por lo primero.

• No se ha utilizado ninguna fórmula descortés o vulgar. Sólo se han presentado excepcionalmente en el capítulo 11, El AB...Z de la Comunicación.

• Todos los ejemplos van en cursiva, destacándose en negrita los elementos que constituyen el exponente de comunicación:

*¿A **que** te gusta?*

• Las diferentes alternativas para expresar algo van separadas por una barra inclinada:

*Se ha hecho rico **a base de** / **a fuerza de** / **con** trabajo.*

• Cuando se presentan dos o más posibilidades y hay elementos que pueden inducir a confusión o error por inclusión o exclusión, se han aislado los elementos esenciales con tres puntos (...) antes o después según el caso:

***Lo mejor sería... que fuéramos / ir** todos.*
*¡**Claro / Por supuesto... que no!***

• O si un elemento pertenece a varias opciones se ha separado igualmente:

***Estoy / Me veo... obligado a** irme.*

• Se indican entre paréntesis los elementos que son prescindibles y que, por tanto, no aparecen obligatoriamente en el exponente:

Me da (exactamente) igual.

• Se han marcado con un tamaño más pequeño las expresiones de menos frecuencia o/y mayor competencia lingüística. Aparecen separadas del resto por doble espacio:

*Llegó **al mismo tiempo que** / **a la vez que** / **cuando** empezábamos a comer.*
***Mientras** coso oigo la radio.*

***A medida que** / **Conforme** / **Según** vamos bajando se ve mejor.*

$\mathbf{U}$ sos sociales de la lengua

1   SALUDAR

Saludo informal   *¡Hola!, ¿qué tal?*
Saludo formal   *¿Cómo está Vd.?*

2   PRESENTARSE

Presentarse uno mismo   *Soy* Roberto Marín.
Presentar a alguien   *Te presento a* Marta.

3   PEDIR PERMISO

De forma impersonal   *¿Se puede* usar el flash?
De forma personal   *¿Me permite* salir?

4   PEDIRLE ALGO A ALGUIEN

Pedir un favor   *¿Puede hacerme un favor?*
Pedir ayuda   *¿Puede ayudarme?*

5   PEDIR PERDÓN

De forma sencilla   *¡Perdón!*
Presentando excusas   *Lo siento*, no le había visto.

6   AGRADECER

De forma sencilla   *Gracias.*
Insistiendo en el agradecimiento   *Se lo agradezco* mucho.

7   FELICITAR

En cumpleaños, santos, etc.   *¡Feliz cumpleaños!*
                                         ¡Felicidades!
En bodas, éxitos, etc.   *¡Enhorabuena!*
En Navidad   *¡Feliz Navidad!, ¡Felices Pascuas!*

8   DESEAR ALGO A ALGUIEN

En general   *¡Ojalá venga!*
En los viajes   *¡Buen viaje!*
En las comidas   *¡Buen provecho!*
En los brindis   *¡Salud!*
A quien sale a divertirse   *¡Que te diviertas!*
                                         ¡Que (te) lo pases bien!
Al ir a dormir o a descansar   *¡Que descanses!*
A quien llega por primera vez a un país, *¡Bienvenido!*
una ciudad...
A quien va a hacer algo difícil   *¡Suerte!*
(exámenes, entrevistas...)
En los fracasos   *Lo siento.*
En las enfermedades   *¡Que te mejores!*

9   DESPEDIRSE

En general   *¡Adiós!*
Hasta un día o momento preciso   *¡Hasta mañana!*
Hasta un día o momento impreciso,   *¡Hasta luego!, ¡Hasta pronto!*
probablemente cercano
Hasta un día o momento impreciso,   *¡Hasta la próxima!*
probablemente lejano
Despedirse de alguien que se va de viaje, *¡Hasta la vuelta!*
de vacaciones
Cuando se está enfadado con alguien   *¡(Vete), déjame en paz!*

1 **U**sos sociales de la lengua

1   SALUDAR

⊙ **Saludo informal**

[Respuestas]

¡Hola!, ¿qué tal (estás)?
    ¿cómo estás?
    ¿cómo estamos?
    ¿cómo va eso?
    ¿cómo te va (por aquí, allí...*)?*
    ¿qué tal te va (por aquí, allí...*)?*

    ¿qué hay?
    ¿qué es de tu vida?
    ¿qué te cuentas?
    ¿qué pasa?

    Buenas.

(Muy) bien, (¿y tú?).
Estupendamente / Fenomenal.
(Estoy) encantado de la vida.
Regular / Así, así / Normal.
Voy tirando / Vamos tirando.
No me va mal del todo.
Mal / Muy mal / Fatal.

Nada especial.
Se hace lo que se puede.
Ya ves, como siempre.
Pues nada, aquí estamos.

(Muy) buenas.

⊙ **Saludo formal**

Buenos días, (señor / señora...) ,
¿cómo está Vd.? / ¿qué tal está Vd.?
Buenas tardes / noches,
¿qué tal sigue Vd. / todo?

(Muy) bien, (gracias), ¿y Vd.?

Me voy defendiendo.

2   PRESENTARSE

⊙ **Presentarse uno mismo**

[Respuestas]

Soy / Me llamo / Mi nombre es
Roberto Marín, soy español.
Igualmente.

Encantado (de conocerle).

⊙ **Presentar a alguien**

● **Presentación informal**

Te presento a Marta.
Mira, ésta es Pilar, una amiga.
Voy a presentarte a alguien.
(Aquí) Paco, (aquí) Ana.
Quiero que conozcas a mi novio.

¡Hola!, ¿cómo estás?
¡Hola!, ¿qué hay?
Encantado.
¡Hola!, ¿qué tal?
¡Hola!, tenía (muchas) ganas de conocerte.

208

● **Presentación formal**

¿Conoce a mi socio?
Le presento a mi esposa.
El gusto es mío.
Tengo el gusto de presentarle a mi jefe.

Todavía no / No he tenido el placer.
Tanto gusto, señora.

Mucho gusto.

Permítame / Desearía / Quisiera / Me
gustaría... presentarle al señor Pérez.
Es un placer.

Me alegro (mucho) de conocerle.

---

3   PEDIR PERMISO

◉ **De forma impersonal**

[**Respuestas**]

¿Se puede / Dejan usar el flash?

No, está (terminantemente)
prohibido.

¿Está prohibido / ¿Se prohíbe entrar?
¿Está permitido comer?

¡Claro que está prohibido!
No, no está permitido.

◉ **De forma personal**

¿Me permite salir?
Permítame salir, por favor.
(Por favor), ¿puedo llamar por teléfono?
¿Se puede (pasar)? (llamando a la puerta)
(Por favor), ¿podría pasarme el informe?
Si no le importa / molesta / Si es tan
amable / Con su permiso..., quisiera irme.
¿Le importa / molesta... que lo haga luego?

¡Cómo no!, ahora mismo.
¡Cómo no!, ahora mismo.
¡Por supuesto! ¡Claro que sí!
¡Adelante! / Pase / Un momento, por favor.
(No), me es imposible / no puedo.
Lo siento, ...no es posible / es impo-
sible / no puede ser.
¡Claro / Por supuesto... que no!

¿No le importaría / molestaría... que entrara?
¿Permite que pase? / ¿Sería Vd. tan amable de /
¿Tendría Vd. la amabilidad de permitirme pasar?
¿Tiene / ¿Tendría... Vd. inconveniente en llamar?
¿Le parece bien que empecemos ahora?

Y ¿por qué me iba a molestar?

¡No faltaba más / (No) faltaría más!
¡Qué va! / ¡En absoluto!
Me parece muy bien.

---

4   PEDIRLE ALGO A ALGUIEN

◉ **Pedir un favor**

¿Puede hacerme un favor?
Se lo pido por favor.
Haga el favor de bajar la música.
¿(Me) haría el favor de cerrar la puerta?

¿Puedo pedirle un favor?
Por favor, ¿podría traerme un café?
¿Me haría Vd. un favor?
Quiero dos butacas centrales, si es posible /
si se puede / si puede ser / a ser posible / a
poder ser.

Venga un momento, si no es mucha / demasiada...
molestia.
Debo rogarle que venga antes.

Quisiera pedirle un favor.
Preferiría que no se fuera aún.

● Pedir ayuda

¿Puede / ¿Podría / ¿Le importaría... ayudarme?
Ayúdeme, por favor.
Tenga la bondad de ayudarme.
¿Tiene / ¿Tendría... Vd. inconveniente en ayudarme?
¿Sería tan amable / ¿Tendría la amabilidad... de ayudarme?

Écheme una mano, si no le importa.
Le ruego / Le pido... que me ayude.
Le agradecería / Me gustaría... que me ayudara.

[**Respuestas**: *véanse* las de 3. Pedir permiso.]

---

5   PEDIR PERDÓN

● De forma sencilla

[**Respuestas**]

¡Perdón! — *Nada, nada.*
(Vd.) perdone. — *No hay de qué.*
¿Me perdonas? — *¡Claro, no tiene importancia!*
Perdóneme por lo de ayer. — *Está bien.*
Lo siento (mucho / muchísimo). — *No es nada.*
¡Cuánto / ¡Cómo... lo siento / lo lamento! — *No importa.*
Siento (mucho) lo que te dije. — *No lo tomé en serio.*
Lo lamento. — *Olvídelo.*
Lamento (sinceramente) lo ocurrido. — *No pasa nada.*
Le pido mil perdones. — *No ha sido nada.*

Le pido perdón / disculpas... por mi comportamiento. — *No se preocupe.*
Le ruego me disculpe un momento. — *No tiene por qué disculparse.*
Disculpe / Discúlpeme por / Dispense /
Dispénseme por... el retraso. — *No tiene la menor importancia.*

● Presentando excusas

Lo siento, no le había visto.
ha sido / lo he hecho... sin querer.
ha sido / lo he hecho... sin darme cuenta.
no me he dado cuenta.
ha sido culpa mía / he tenido yo la culpa.
no he querido molestarle.
me he equivocado.

Lo he hecho con (toda mi) buena intención / con mi mejor intención.
Me siento (realmente) avergonzado / No sé qué decir.
No lo haré más / No volverá a repetirse / a suceder.
No lo he hecho... a propósito / aposta / ex profeso / adrede.
¡Qué torpe soy!

[**Respuestas**: las mismas que para Pedir perdón de forma sencilla.]

6　　　　　AGRADECER

◉ **De forma sencilla**

[**Respuestas**]

Gracias.	*De nada.*
Muchas (muchísimas) gracias.	*A Vd.*
Gracias por todo.	*No las merece.*
Le doy las gracias por haberme ayudado.	
Se lo agradezco... mucho / de todo corazón /	*No hay de qué.*
en el alma / sinceramente.	

Es Vd. muy amable / Es muy amable de su parte.

◉ **Insistiendo en el agradecimiento**

Le estoy... muy / sumamente agradecido /	*No tiene por qué agradecérmelo.*
agradecidísimo.	
No sabe cuánto / cómo... se lo agradezco.	*¡Venga, por favor / por Dios,*
No tenía que haberse molestado.	*no es nada!*

Perdone la molestia / No lo olvidaré nunca / jamás.

7　　　　　FELICITAR

◉ **En cumpleaños, santos, aniversarios**

¡Feliz cumpleaños!
¡(Muchas) felicidades!
¡Feliz aniversario!

¡Que cumplas muchos (años / más)!

◉ **En bodas, nacimientos, éxitos**

¡(Que sea) enhorabuena!
¡Mi más sincera enhorabuena!

¡Vivan los novios!

¡Me alegro (mucho) por ti!
Me alegro de que (todo) (le) haya ido / salido bien.

En Navidad

¡Feliz Navidad! / ¡Felices Fiestas! / ¡Felices Pascuas!
¡Feliz Nochevieja! / ¡Feliz Año (Nuevo)!

¡Feliz Navidad y Próspero Año Nuevo! (sobre todo por correspondencia)

[**Respuestas**: *véanse* las fórmulas de agradecimiento en 6. Agradecer.]

---

8   DESEAR ALGO A ALGUIEN

● En general

¡Ojalá venga!
¡Que haya suerte!

¡Quién fuera tú!
¡Quién pudiera estar de vacaciones!

● En los viajes y vacaciones

¡(Que tengas) buen viaje !
¡Feliz viaje! / ¡Felices vacaciones!
¡Que (te, os...) vaya todo bien !

¡Que lo pases bien! / ¡A pasarlo bien!
¡Que disfrutes (de las vacaciones)!

● En las fiestas y éxitos *(véase "Felicitar")*

● En las comidas

[Respuestas]

¡Buen provecho!	*¿Quieres comer?*
¡Que (te, os...) aproveche!	*Si quieres...*
¡Que (te, os...) siente bien!	*¿Gustas? / Si gustas...*

● En los brindis

¡Salud! / ¡A tu / su... salud!
¡A la salud de todos nosotros!
Brindo por Juan / ¡Por ti!

¡Chin, chin!
Levanto mi copa para brindar por Vd. (más protocolario)

● **A quien sale a divertirse**

¡Que te diviertas!
¡(Espero) que lo pases bien!
¡A divertirse! / ¡A pasarlo bien!

● **Al ir a dormir o descansar**

¡Que descanses! / ¡A descansar!
¡Buenas noches! / ¡Hasta mañana!
¡Que duermas bien!

¡Felices sueños!

● **A quien llega por primera vez a un país, una ciudad...**

¡Bienvenido!
Le damos la bienvenida.

Deseamos (que) disfrute de su estancia entre nosotros.

● **A quien va a hacer algo difícil (exámenes, entrevistas...)**

¡Suerte! / ¡Que haya suerte! /
¡Buena suerte! / ¡Que te vaya bien!

¡A ver si hay / tienes... suerte!
¡Suerte para el examen!
Te deseo (que tengas) mucha suerte.

¡Ojalá tengas suerte!
¡Que la suerte te acompañe!
Espero que todo (te) salga bien.

● **En los fracasos**

Lo siento.
¡Ánimo! / ¡Anímate! / ¡Otra vez será!

No te preocupes / No te lo tomes así.

● **En las enfermedades**

¡Que te mejores! / ¡A mejorarse!
¡Cuídate! / ¡A cuidarse!
¡Que te pongas bien / bueno... pronto!

¡Ojalá no sea nada grave! / ¡(Espero) que no sea nada!
¡Ojalá se cure pronto!

[**Respuestas**: *véanse* las fórmulas de agradecimiento en 6. Agradecer.]

9   DESPEDIRSE

● **En general**

¡Adiós! / ¡Hasta luego!

● **Hasta un día o momento preciso**

¡Hasta mañana / pasado mañana...!
¡Hasta ahora! / ¡Hasta luego!
¡Hasta el mes / el año... que viene!
¡Hasta el lunes / viernes, ...!

● **Hasta un día o momento impreciso, probablemente cercano**

¡Hasta pronto! / ¡Hasta luego!
¡Hasta otra! / ¡Hasta otro día!
¡Hasta la vista! / ¡Hasta más ver!

¡Hasta uno de estos días! / Llámame.

● **Hasta un día o momento impreciso, probablemente lejano**

¡Hasta la próxima! / ¡Hasta luego!
¡Hasta otra! / ¡Hasta otro día!
¡Hasta la vista! / ¡Hasta más ver!

Nos llamamos / escribimos / vemos.
A ver si nos vemos (pronto) / A ver cuándo nos vemos.
A ver si volvéis pronto / A ver cuándo volvéis / Volved pronto.
¡Hasta cuando queráis! / Ya sabéis... dónde estamos / dónde nos tenéis.
Os esperamos (pronto / de nuevo / otra vez).

● **Despedirse de alguien que se va de viaje, de vacaciones...**

¡Hasta la vuelta!
¡Adiós y... buen viaje / felices vacaciones!
¡Feliz viaje, hasta pronto!

¡Adiós, a pasarlo bien!

● **Cuando se está enfadado con alguien**

¡(Vete), déjame en paz!
¡No quiero volver a verte!

¡A paseo (señor...)!
¡Váyase (Vd.) al diablo!
¡Hasta nunca!

Pedir información

1   CON TONALIDAD INTERROGATIVA

¿ ...?	*¿Hay mucha gente en el teatro?*

2   CON PREGUNTAS DIRECTAS MEDIANTE...

Palabras interrogativas que preguntan sobre:

personas	¿Quién?	*¿Quién puede informarme?*
cosas	¿Qué?	*¿Qué llevas ahí?*
personas o cosas	¿Cuál?	*¿Cuál es tu número de teléfono?*
el modo, la manera	¿Cómo?	*¿Cómo puedo ir a Aranjuez?*
el tiempo	¿Cuándo?	*¿Cuándo sale el tren?*
la cantidad	¿Cuánto?	*¿Cuánto vale la entrada?*
el lugar	¿Dónde?	*¿Dónde está Correos?*

Un giro idiomático	¿A que...?	*¿A que te gusta?*

Una fórmula de cortesía	Por favor...	*Por favor, ¿puede decirme...?*

Una fórmula poco cortés	Oiga...	*Oiga, ¿sabe dónde para el autobús 19?*

3   CON PREGUNTAS INDIRECTAS

Le pregunto si es muy caro.

2 **P**edir información

1   CON TONALIDAD INTERROGATIVA

¿Para ir al mercado?
¿Hay mucha gente en el teatro?
¿Está lejos el cine?
¿Le gustaría ver nuestros modelos?

¿Han recibido ya los libros?
¿Podrá reservarme la habitación?
¿Acaba de llegar el autobús?
¿Sabe dónde está el hospital?

2   CON PREGUNTAS DIRECTAS MEDIANTE...

⦿ **Palabras interrogativas que preguntan sobre**

● **personas**

*¿**Quién** puede informarme?*
*¿**A quién** tengo que preguntarle?*
*¿**Con quién** hablo?*

*¿**De quién** es esta chaqueta?*
*¿**Para quién** es el café?*
*¿**Por quién** preguntan?*

● **cosas**

*¿**Qué** llevas ahí?*
*¿**A qué** hora acaba la película?*
*¿**Con qué** camisa se queda?*
*¿**De qué** es esta cartera?*

*¿**De / Desde qué** día **a / hasta qué** día voy?*
*¿**En qué** calle está el museo?*
*¿**Para qué** es eso?*
*¿**Por qué** calles pasa el desfile?*

● **personas o cosas**

*¿**Cuál** es tu número de teléfono?*
*¿**A cuál** de esos hombres conoces?*

*¿**Con cuáles** se queda Vd.?*
*¿**En cuál** de esas ciudades se vive mejor?*

● **el modo, la manera**

*¿**Cómo** puedo ir a Aranjuez?*

*¿**Cómo** se escribe eso?*

● **la causa**

*¿**Por qué** no vienes?*

*Y ¿**por qué** le han despedido?*

● **el tiempo**

*¿**Cuándo** sale el tren?*
*¿**Desde cuándo** lo sabes?*
*¿**Desde qué** hora estás aquí?*

*¿**Hasta cuándo** te quedas?*
*¿**Para cuándo** estará listo el coche?*
*¿**Hasta qué** hora está abierto?*

● **la cantidad**

*¿**Cuánto** vale la entrada?*
*¿**Cuántas** veces al año tienes vacaciones?*
*¿**A cuánto** estamos de Toledo? (distancia)*
*¿**A cuántos** estamos hoy? (fecha)*
*¿**A cuánto** estamos hoy? (temperatura)*

*¿**De cuántos** minutos es esta cinta?*
*¿**Durante cuánto** tiempo piensa viajar?*
*¿**En cuántas** horas lo han arreglado?*
*¿**Hasta cuánto** puedo sacar?*
*¿**Para cuántos** preparo comida?*

¿*Cada cuánto* (tiempo) cambia de coche?
¿*Con cuántos* invitados vendrá?

¿*Por cuánto* me saldría?
¿*Cuánto* (tiempo) has tardado?

● **el lugar**

¿*Dónde* está Correos?
¿*Adónde* va este tren?
¿*De dónde* viene el avión?
¿*Desde dónde* se ve mejor el espectáculo?
¿*En dónde* se encuentra la catedral?

¿*Hacia dónde* cae esa calle?
¿*Hasta dónde* nos lleva el autobús?
¿*Para dónde* tengo que tirar?
¿*Por dónde* se va al centro?

◉ **Un giro idiomático**

¿*A que* te gusta?

¿*Verdad que* me quieres?

◉ **Una fórmula de cortesía**

Por favor, ¿*puede decirme dónde está la calle Colón?*

Perdone, ¿*sabe por dónde se va al centro?*

◉ **Una fórmula poco cortés**

Oiga, ¿*dónde para el autobús 19?*

---

3   **CON PREGUNTAS INDIRECTAS**

Le pregunto si es muy caro.
No sé dónde está la estación.
Me gustaría enterarme del horario.
Dígame lo que le debo.

Me interesaría conocer el precio.
Desearía que me dijera cuándo puedo volver.
Quisiera saber si hay alguna cabina cerca.

3 Expresar gustos y opiniones

1 EXPRESAR GUSTOS

Preguntar por los gustos
¿Te gusta bailar?

Manifestar gusto (afición)
Me encantan los niños.

Compartir gustos
A mí también (me encantan).

Expresar las preferencias
Me gusta escuchar música *más* que bailar.

Manifestar disgusto (odio, aversión)
No aguanto las películas de ciencia-ficción.

Compartir desagrado
Yo tampoco (las aguanto).

2 EXPRESAR OPINIONES

Pedir una opinión
¿Qué opinas de todo esto?

Manifestar acuerdo
Estoy de acuerdo.

Expresar las propias opiniones
Creo que no deberíamos admitirlo.

Manifestar desacuerdo
No llevas razón.

3 EXPRESAR INDIFERENCIA

Ese asunto *me da igual.*

Expresar gustos y opiniones

Para la conjugación y concordancia de las formas verbales especiales citadas en este capítulo (gustar, encantar...), véase Normas, cap. 19, Construcciones verbales particulares, pág. 111.

1 EXPRESAR GUSTOS

● Preguntar por los gustos

¿*Te gusta* bailar?
¿*Le apetecería* comer aquí?
¿*Qué tomas*, té o café?
¿*Le gustan* los viajes?
¿*Cuál prefiere*?

● Expresar las preferencias

Me gusta escuchar música *más que* bailar.
Prefiero comer en casa.
Lo que más me gusta es el café.
Para mí, no hay nada como viajar.
El azul. Tengo (una clara) preferencia por el azul.

● Manifestar gusto (afición)

Me encantan los niños.
Les gusta mucho hablar.
Me gusta / agrada salir por la noche.
Están enamorados de España.
Le gusta con locura el chocolate.
Me vuelve loco ese actor.
Adoro montar a caballo.

Ese país me parece fascinante.
Nos entusiasma / apasiona su música.
Es un gran aficionado al fútbol.
Es un forofo del tenis.
Me chiflan los animales.
Lo mío es la pintura.

● Manifestar disgusto (odio, aversión)

No aguanto las películas de ciencia-ficción.
No me gustaría nada ir allí.
Me disgusta / desagrada que llegues tarde.
Me molesta / fastidia tener que llamarle.
Odio / Detesto / Aborrezco a ese tipo de gente.
Me horrorizan los insectos.
No soporto la playa en verano.

Nunca he visto nada tan espantoso / horrible.
No me atrae ese tipo de espectáculos.
No soy muy aficionado al deporte.
Les tengo un odio de muerte a los ratones.
Las matemáticas no son lo suyo.

● Compartir gustos

A mí también (me encantan).
Yo también (adoro montar a caballo).

● Compartir desagrado

Yo tampoco (las aguanto).
A mí tampoco (me gustaría ir allí).

2 EXPRESAR OPINIONES

● Pedir una opinión

¿*Qué opinas / crees* de todo esto?
¿*Qué piensas / dices* de la noticia?
¿*Qué te parece* el libro?

● Expresar las propias opiniones

Creo / Opino / Pienso... que no deberíamos admitirlo.
Me parece que exageran la situación.
En mi opinión / Para mí, es un poco pesado.

¿Cuál es tu opinión / parecer al respecto?
¿Cómo lo ves?
¿Estás de acuerdo conmigo?
¿Te parece bien lo que digo?

¿(No) crees que llevo razón?
¿(No) es eso? / ¿(No) es así?
Y ¿tú qué dices?

A mi parecer / entender, no deberían consentirlo.

Pienso que son algo atrevidos.
Digo yo que podrían esperar un poco.
Si quieres que te diga la verdad, no lo sé.
Mi opinión / parecer... es que no hagas caso.

Desde mi punto de vista, eso es imposible.
A mi juicio, eso no está bien.
Por mí / Por mi gusto, no lo harías.

 ## Manifestar acuerdo

Estoy (totalmente) de acuerdo.
Vale / De acuerdo.
Llevas / Tienes... razón al decirlo.
Te doy la razón.
Pienso como Vd.
Soy de tu (misma) opinión.
Me parece bien tu idea.
No cabe (la menor) duda.
Estoy a favor de ello.
Estás en lo cierto.
Has dado en el clavo.
Es cierto / verdad.
¡Seguro! / ¡Claro! / ¡Exacto!
¡Por supuesto (que sí)!
¡Eso es! / Comparto tu opinión.

¡Y que lo digas! / ¡Y tanto!
¡Ni que decir tiene!
¡Ya lo creo que sí!
No tengo nada en contra.

Manifestar desacuerdo

No estoy de acuerdo contigo.
No llevas / tienes... razón.
No me parece bien que hables así.
Estás equivocado / Te equivocas.
¡No diga tonterías / bobadas / disparates!
Eso no tiene sentido.
No tiene ni pies ni cabeza.
¡Qué va! / Eso es una estupidez.
Estoy en contra de ello.
(De eso) ni hablar / pensarlo.
De eso nada / Eso sí que no.
De ninguna manera / De ningún modo.
¡Anda ya!
¡Vamos, anda!
¡Vamos, hombre!

¡Estaría bueno!
¡Que te crees tú eso!
¡Ni mucho menos!
No lo veo así.

---

3   EXPRESAR INDIFERENCIA

Ese asunto me da igual.
Me da (exactamente) igual / Me da lo mismo lo que piense.
Me trae sin cuidado.
No me interesa saberlo.
No me importa para nada.

Me es igual uno que otro.
No tiene importancia.
A mí eso ni me va ni me viene / Eso no va conmigo.

1 PROPONER

De manera formal	*Te propongo que* cenemos juntos.
De manera informal	*¿Qué tal si* salimos esta noche?
De manera general	*Mi propuesta es que* lo dejemos.

2 DAR ÓRDENES

De manera directa	*Te ordeno que* hagas los deberes.
De manera indirecta	*Preferiría* que no tocara ahí. *Hay que* venir antes, Pedro.

3 PROHIBIR

De manera personal	*Te prohíbo que* salgas a estas horas.
De manera colectiva	*Se prohíbe* fumar.

4 EXPRESAR OBLIGACIÓN, NECESIDAD

Obligación personal	*Tengo que* aprobar el examen.
Obligación impersonal	*Hay que llegar* temprano.

4 **P**roponer y dar órdenes

1 PROPONER

◉ **De manera formal**

● **Verbo + que + subjuntivo**   *Te propongo que cenemos juntos.*

   o

● **Verbo + infinitivo**   *Te propongo cenar juntos.*

> *Os recomiendo... que comáis / comer... en ese restaurante.*
> *Les aconsejo... que vean / ver... la película.*
> *Te suplico... que me acompañes / acompañarme.*
> *Os ruego... que vengáis / venir... a la fiesta.*

◉ **De manera informal**

● **En forma interrogativa, formulando propuestas, sugerencias, consejos, recomendaciones, etc.**

> *¿Te apetece comer algo?*
> *¿Qué tal si salimos esta noche?*
> *¿Por qué no vamos al cine?*
> *¿Qué te parece si nos quedamos?*
> *¿Tomamos algo?*
> *¿Quieres que vayamos a dar una vuelta?*
> *¿Te parece bien que empecemos ahora?*
> *¿Qué dirías si fuéramos a bañarnos?*
> *¿Y si invitáramos a Ana?*

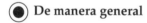

◉ **De manera general**

● **Fórmula personal o impersonal + que + subjuntivo**   *Lo bueno es que le des una sorpresa.*

   o

● **Fórmula personal o impersonal + infinitivo**   *Lo bueno es darle una sorpresa.*

> *Mi propuesta es... que lo dejemos / dejarlo.*
> *Es mejor... que lo veamos / verlo mañana.*
> *Lo mejor sería... que fuéramos / ir todos.*
> *Estaría bien... que fuéramos /ir todos.*

> *Más vale... que lo digas / decirlo hoy.*
> *Es aconsejable... que nos informemos / informarnos ahora.*

2  DAR ÓRDENES

◉ De manera directa

● **Verbo + que + subjuntivo**
o
● **Verbo + infinitivo**

*Te **ordeno que hagas** los deberes.*
*Te **mando que** te **calles**.*
*Te **ordeno hacer** los deberes.*
*Te **mando** callarte.*

● **Imperativo**

- dar órdenes
- orden reforzada
- dar instrucciones
- animar a alguien
- avisar de un peligro

***Sal** de aquí / **Haz** lo que te digo.*
***Abra** la puerta, **es una orden** / **Váyase, se lo ordeno**.*
***Pónganse** los cinturones / **Siga** todo recto.*
*¡**Anda**! / ¡**Espabila**! / ¡**Anímate**!*
*¡**Ten** cuidado! / ¡**Sujétate** fuerte!*

● **Infinitivo** (uso coloquial, poco correcto)

*¡**Callaros**!*

● **¡A + infinitivo!**

*¡**A trabajar**!*

● **Gerundio**

*¡**Andando**!*

● **Presente de indicativo**

***Vas** al supermercado y **compras** aceite.*

● **Futuro**

***Dejarás** de verle hoy mismo.*

◉ De manera indirecta

● **Hay que + infinitivo**

***Hay que venir** antes, Pedro.*

● **Condicional**

***Preferiría** que no tocara ahí.*
*Le **agradecería** que me pagara al contado.*

● **Perífrasis verbal + infinitivo**

***Haga el favor de quitar** los pies de la mesa.*
***Tenga la amabilidad / bondad... de pasar** por caja.*

3 PROHIBIR

◉ 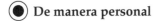 De manera personal

● **Verbo + que + subjuntivo**

o

● **Verbo + infinitivo**

*Te **prohíbo que salgas** a estas horas.*
*No (te) **permito que** me **hables** así.*

*Le **impiden ver** a su novio.*
*No (te) **permito hablarme** así.*
No te he dado permiso para poner la tele.

● **Imperativo negativo**

　•**No + presente de subjuntivo**　　*No gritéis.*

　•**No + infinitivo**　　　　　　　*No gritar / No tocar, peligro de muerte.*
　(uso coloquial o en letreros. Poco correcto)

● **Con una fórmula**　　　　　　*No se te /le / os / les ocurra salir esta noche.*

◉ **De manera colectiva**

● **Fórmula impersonal**　　　　*Se prohíbe fumar.*
　　　　　　　　　　　　　　　(Está) prohibido el paso.
　　　　　　　　　　　　　　　No está permitido hacer fotos.
　　　　　　　　　　　　　　　No se permite echar de comer a los animales.
　　　　　　　　　　　　　　　(Se ruega) no arrojar basura.
　　　　　　　　　　　　　　　No se puede pisar el césped.
　　　　　　　　　　　　　　　No se admiten propinas.

4　　　　　EXPRESAR OBLIGACIÓN, NECESIDAD

◉ **Obligación personal**

● **Verbo característico + infinitivo**

　•**Tener que**　　　　　　　　*Tengo que aprobar el examen.*

　•**Deber**　　　　　　　　　　*Debo asistir a todas las clases.*

　•**Haber de,** etc.　　　　　　*He de trabajar este verano.*

　　　　　　　　　　　　　　　Necesito estudiar más.
　　　　　　　　　　　　　　　Me hace falta salir.
　　　　　　　　　　　　　　　Estoy / Me veo... obligado a irme.
　　　　　　　　　　　　　　　Tengo obligación de vigilar el edificio.

　　　　　　　　　　　　　　　No me queda más remedio que decírselo.
　　　　　　　　　　　　　　　Me obligan a pedir permiso.
　　　　　　　　　　　　　　　Me veo en la necesidad de callarme.

● **Fórmula característica + que + subjuntivo**

　•**Es necesario**　　　　　　　*Es necesario que llames por teléfono.*
　•**Hace falta,** etc.　　　　　*Hace falta que estén todos.*
　　　　　　　　　　　　　　　Es preciso / menester / obligatorio... que vayas.

224

⬤ Obligación impersonal

● Fórmula característica + infinitivo

- **Hay que**
- **Es necesario**
- **Hace falta,** etc.

Hay que llegar temprano.
Es necesario pagar por adelantado.
Hace falta concentrarse mucho.

Es preciso / menester / obligatorio... tomar notas.
Se deben encontrar más clientes.

1   VALOR DE SEGURIDAD CON...

El futuro   ***Vendrá*** *esta tarde.*

El presente con valor de futuro   *Mañana lo* ***hago.***

El futuro próximo (Ir a + infinitivo)   ***Voy a salir*** *esta noche.*

2   VALOR DE PROBABILIDAD, INCERTIDUMBRE, SUPOSICIÓN, PARA EXPRESAR...

Algo general   ***Tal vez*** *vaya a esquiar.*

La probabilidad en el presente   ***Serán*** *las diez seguramente.*

La probabilidad en el pasado   ***Habrá estado*** *ocupado.*

3   VALOR DE OBLIGACIÓN

La obligación personal   *Usted* ***se hará cargo*** *del personal.*

La obligación impersonal   ***Se publicarán*** *todas las decisiones.*

4   VALOR DE CONDICIÓN CON...

El subjuntivo con valor de futuro   ***Cuando estés*** *lista, me avisas.*

Expresión del futuro

---

1   VALOR DE SEGURIDAD CON...

● **El futuro**

Vendrá esta tarde.
Volveremos para cenar.
Se quedarán tres días.

● **El presente con valor de futuro**

Mañana lo **hago.**
Pienso / Quiero / Deseo irme mañana.
Tengo previsto / planeado / pensado terminar hoy este trabajo.
Tengo intención de / Me he propuesto levantarme temprano.
Estoy decidido / resuelto... a no volver a verla.

Tengo el *(firme)* **propósito de** estudiar toda la noche.
Está previsto que se queden dos días.

● **El futuro próximo (Ir a + infinitivo)**

Voy a salir esta noche.
Esta semana *vamos a ir* al restaurante.
Mañana me *van a traer* los muebles.

---

2   VALOR DE PROBABILIDAD, INCERTIDUMBRE, SUPOSICIÓN, PARA EXPRESAR...

◉ **Algo general**

● Tal vez / quizá(s) + subjuntivo   *Tal vez vaya* a esquiar.
                                                Quizás no hayan venido aún.

● Es probable / puede (ser) que + subj.   *Es probable que me quede.*

● A lo mejor + indicativo   *A lo mejor están* aquí ya.

● Deber de + infinitivo   *Deben de ser* ya las once.

◉ **La probabilidad en el presente**

● Futuro imperfecto   *Serán las diez seguramente / Estarán durmiendo.*

◉ **La probabilidad en el pasado**

● **Futuro perfecto o condicional**   *Habrá estado ocupado / Estaría con ellos.*

3   VALOR DE OBLIGACIÓN

◉ **La obligación personal**

● **Futuro con valor de imperativo**   *Usted se hará cargo del personal.*

◉ **La obligación impersonal**

● **Futuro con valor de imperativo**   *Se publicarán todas las decisiones.*

4   VALOR DE CONDICIÓN CON...

◉ **El Subjuntivo con valor de futuro**

> *Cuando estés lista, me avisas.*
> *Cuanto más comas, más gordo te pondrás.*
> *Mientras gane bastante, no me importa.*

Estilo indirecto

5

1   ¿QUÉ ES EL ESTILO INDIRECTO?

Estilo directo

La quiero mucho.

Estilo indirecto

Dice que la quiere mucho.

2   TIEMPO PRESENTE EN EL VERBO QUE INTRODUCE EL ESTILO INDIRECTO

Estilo directo en indicativo	T. PRESENTE	Estilo indirecto en indicativo
Como demasiado.	*Dice que...*	*come demasiado.*
Él llegaría a la 1.	*Dice que...*	*llegaría a la 1.*

Estilo directo en imperativo		Estilo indirecto en presente de subjuntivo
Cállate y déjame hablar.	*Dice que...*	*te calles y le dejes hablar.*

Estilo directo en subjuntivo		Estilo indirecto en subjuntivo
Quizás lo sepa Juan.	*Dice que...*	*quizás lo sepa Juan.*

3   TIEMPO PASADO EN EL VERBO QUE INTRODUCE EL ESTILO INDIRECTO

Estilo directo en indicativo	T. PASADO	Estilo indirecto en indicativo
Como demasiado.	*Dijo que...*	*comía demasiado.*
	Ha dicho que...	*comía demasiado.*
	Había dicho que...	*comía demasiado.*

Estilo directo en imperativo		Estilo indirecto en subjuntivo
Cállate y déjame hablar.	*Dijo que...*	*te callaras y le dejaras hablar.*

Estilo directo en subjuntivo		Estilo indirecto en subjuntivo o en indicativo (condicional)
Quizás lo sepa Juan.	*Dijo que...*	*quizás lo supiera / sabría Juan.*

6 Estilo indirecto

1   ¿QUÉ ES EL ESTILO INDIRECTO?

● **Consiste en reproducir las palabras que alguien dice o dijo**

Estilo directo	Estilo indirecto
La quiero mucho.	*Dice que la quiere mucho.*
No quiero ir.	*Dice que no quiere ir.*
¿Sabes conducir?	*Pregunta si sabes conducir.*

● **El paso del estilo directo al indirecto, a veces, implica algunos cambios**

● **Cambios de persona (pronombres personales sujeto y complemento, posesivos...):**

Estilo directo	Estilo indirecto
*No **me** voy.*	*Dice que no **se** va.*
***Mi** padre no está.*	*Dice que **su** padre no está.*
*Eso no es **tuyo**.*	*Dice que eso no es **mío**.*

● **Cambios de adverbios de lugar o de tiempo:**

Estilo directo	Estilo indirecto
*Estoy demasiado **aquí**.*	*Dijo que estaba demasiado **allí**.*
*Voy **ahora**.*	*Dijo que iba **entonces**.*

● **Cambios verbales (modo y tiempo):** según esté en tiempo presente o pasado el verbo que introduce el estilo indirecto y según el modo de la estructura en estilo directo.

2   TIEMPO PRESENTE EN EL VERBO QUE INTRODUCE EL ESTILO INDIRECTO

● **Estilo directo: en indicativo**

Estilo directo Verbo en indicativo	T. PRESENTE	Estilo indirecto Verbo en indicativo
Como demasiado.	¿Qué dice? — *Dice que...*	*come demasiado.*
Tenía mucho dinero.	*Dice que...*	*tenía mucho dinero.*
Fui al cine.	*Dice que...*	*fue al cine.*
He viajado poco.	*Dice que...*	*ha viajado poco.*
No iré de pesca.	*Dice que...*	*no irá de pesca.*
Habré visto unas 5 películas.	*Dice que...*	*habrá visto unas 5 películas.*
Llegaría a la 1.	*Dice que...*	*llegaría a la 1.*
Habría ganado bastante.	*Dice que...*	*habría ganado bastante.*

Estilo directo: en imperativo

> ┌─────────────────────────┐
> │ **Estilo directo** │
> │ **Verbo en imperativo** │
> └─────────────────────────┘

Cállate y *déjame* hablar.

¿Qué dice?

T. PRESENTE

> ┌─────────────────────────┐
> │ **Estilo indirecto** │
> │ **Verbo en presente** │
> │ **de subjuntivo** │
> └─────────────────────────┘

Dice que... *te calles / le dejes* hablar.

 Estilo directo: en subjuntivo

> ┌─────────────────────────┐
> │ **Estilo directo** │
> │ **Verbo en subjuntivo** │
> └─────────────────────────┘

*Quizás lo **sepa** Juan.*

T. PRESENTE

> ┌─────────────────────────┐
> │ **Estilo indirecto** │
> │ **Verbo en subjuntivo** │
> └─────────────────────────┘

Dice que... *quizás lo **sepa** Juan.*

---

3 | **TIEMPO PASADO EN EL VERBO QUE INTRODUCE EL ESTILO INDIRECTO**

 Estilo directo: en indicativo

> ┌─────────────────────────┐
> │ **Estilo directo** │
> │ **Verbo en indicativo** │
> └─────────────────────────┘

¿Qué dijo / ha dicho / había dicho?

T. PASADO

> ┌─────────────────────────┐
> │ **Estilo indirecto** │
> │ **Verbo en indicativo** │
> └─────────────────────────┘

Estilo directo		Estilo indirecto
Presente		**Presente o imperfecto**
Como demasiado.	*Dijo que...*	*come / comía* demasiado.
Pretérito imperfecto		**Pretérito imperfecto**
Tenía mucho dinero.	*Dijo que...*	*tenía* mucho dinero.
Pretérito indef. o pluscpf.		**Pretérito indef. o pluscpf.**
Fui / Había ido al cine.	*Dijo que...*	*fue / había ido* al cine.
Pretérito perfecto		**Pluscuamperfecto**
He viajado poco.	*Dijo que...*	*había viajado* poco.
Futuro		***Fut. o condicional simple**
Iré de pesca.	*Dijo que...*	*irá / iría* de pesca.
Futuro perfecto		**Fut. o condic. compuesto**
Habré visto unas 5 películas.	*Dijo que...*	*habrá / habría visto* unas 5 películas.
Condicional simple		**Condicional simple**
Llegaría a la 1.	*Dijo que...*	*llegaría a la 1.*
Condicional compuesto		**Condicional compuesto**
Habría ganado bastante.	*Dijo que...*	*habría ganado* bastante.

* **Futuro** si la acción no ha sucedido.
Condicional si la acción ya ha sucedido.

● **Estilo directo: en imperativo**

¿Qué dijo / ha dicho / había dicho?

Estilo directo Verbo en imperativo	T. PASADO	Estilo indirecto Verbo en subjuntivo
Imperativo *Cállate y déjame hablar.*	*Dijo que...*	**Imperfecto** *te callaras y le dejaras hablar.*
No vengas ahora.	*Dijo que...*	*no vinieras ahora.*

● **Estilo directo: en subjuntivo**

Estilo directo Verbo en subjuntivo	T. PASADO	Estilo indirecto Verbo en subjuntivo o indicativo (condicional)
Presente *¡Que cante!*	*Dijo que...*	**Imperfecto** *cantara.*
Quizás lo sepa Juan.	*Dijo que...*	**Impf. o condicional s.** *quizás lo supiera / sabría Juan.*
P. perfecto *Quizás no lo haya hecho.*	*Dijo que...*	**Pluscpf. o condicional c.** *quizás no lo hubiera hecho / habría hecho.*

Expresar causa, consecuencia e hipótesis

1   CAUSA

Preguntar por la causa	**¿Por qué** estás serio**?**
Explicar la causa	Estoy serio **porque** estoy preocupado.
Presentar la causa como	
- una constatación	**Como** no vienes, nos vamos sin ti.
- un resultado	Se ha hecho rico **a base de** trabajo.
- una excusa, una explicación	**Es que** no he tenido tiempo.
- una información	**Sucede que** he cambiado de opinión.

2   CONSECUENCIA

Recoger el origen de la consecuencia	Es muy tímido, **por eso** tiene pocos amigos.
Presentar la consecuencia como	
- una deducción	Se le abre la boca, **así (es) que** estará aburrido.
- un resumen	Ganaba poco y gastaba mucho; **total**, **que** se arruinó.
- un resultado	Tiene una gracia **que** conquista a todo el mundo.

3   HIPÓTESIS

Expresar una probabilidad	**A lo mejor** voy pronto a París.
Expresar una suposición	**Pongamos que** vuelva hoy.
Expresar una impresión	**Me parece que** van a perder.
Expresar un rumor	**Al parecer,** van a cerrar ese bar.
Expresar un deseo	**Espero que** haga buen tiempo.
Expresar una condición	**Si** viene, me avisa.
Expresar una sugerencia	**¿Y si** fuéramos a la discoteca**?**
Expresar un consejo	**Si fuera tú,** no iba.

Expresar causa, consecuencia e hipótesis

Véase Normas, cap. 32, La conjunción, *pág. 174* y *cap. 35*, Oraciones subordinadas adverbiales y circunstanciales (causales, consecutivas y condicionales), *pág. 194*.

1	**CAUSA**

⦿ **Preguntar por la causa**

● **intentando averiguarla**

¿Por qué estás serio?
¿Qué te pasa? / ¿Es que no te encuentras bien?

● **mostrando asombro**

¿(Y) cómo es que te fuiste sin avisar?

⦿ **Explicar la causa propiamente dicha**

*Estoy serio **porque** estoy preocupado.*
*No salgo, **que** tengo trabajo.*
*Es muy conocido **debido a** su cargo.*
*Perdieron **por** hacer trampa.*
*Lo siento **por** él.*
*Me alegro **de que** hayas aprobado.*
*Está cansado **a causa de** los niños.*
*Se ha ido, **pues** tenía mucha prisa.*
*No lo dije **por miedo a que** te enfadaras.*

*Come poco **por miedo a** engordar.*
*Nos invitó **con motivo de** su boda.*

⦿ **Desmentir una causa**

● **No (es) porque + subjuntivo**

*No (es) porque **esté** harto, sino porque me gusta variar.*

● **No es que no + subjuntivo**

*No es que no **quiera** ir, sino que no puedo.*

⦿ **Presentar la causa como**

● **una constatación**

Como no vienes, nos vamos sin ti.
Puesto que estás malo, quédate en la cama.
Paco, teniendo tan poco dinero, no puede viajar.
Yo, al tener / que tengo que trabajar, no puedo acostarme tarde.
Métete aquí, que llueve mucho.

Ya que / Supuesto que / En vista de que / Dado que / Teniendo en cuenta que no quieres ir al cine, nos quedamos en casa.

● **un resultado**

  •**resultado de un esfuerzo**   *Se ha hecho rico **a base de / a fuerza de / con** trabajo.*

  •**resultado positivo**   *Ha triunfado **gracias a** sus amigos.*

  •**resultado negativo**   *Hemos llegado tarde **por (culpa de)** Luis.*
  *Se ha puesto enfermo **de tanto** comer.*

● **una excusa, una explicación**   *...**Es que / Lo que pasa es que** no he tenido tiempo.*

● **una información**

  •**que anuncia algo nuevo**   *(**Lo que) sucede / pasa / ocurre... (es) que** he cambiado de opinión.*

  •**que insiste en algo que ya se sabe**   *Pero **si (es que)** las tiendas ya están cerradas.*

---

2   **CONSECUENCIA**

◉ **Recoger el origen de la consecuencia**

*Es muy tímido, **por eso** tiene pocos amigos.*
*Ha dormido poco, **pues** que se acueste.*
*El bar está cerrado, **conque** vámonos.*
*Hay un escape de gas, **por consiguiente / así pues / entonces / debido a ello**, huele muy mal.*

*Hay un escape de gas, **de ahí que** huela tan mal.*
***Dado / A consecuencia de** su egoísmo, se quedó solo.*

● Presentar la consecuencia como

● **una deducción**

*Se le abre la boca, **así (es) que** estará aburrido.*
*No se ha despedido, **por (lo) tanto** no se habrá ido aún.*

*No tiene tu número, **o sea que** no podrá llamarte.*
*Pienso, **luego** existo.*

● **un resumen**

*Ganaba poco y gastaba mucho; **total, (que)** se arruinó.*

● **un resultado**

*Tiene **una** gracia **que** conquista a todo el mundo.*
*Hablaba **de... tal / un(a)** ...modo / forma / manera... **que** nadie le entendía.*

*Lo hace **de modo que** nadie se entera.*

•**Tanto + verbo, sustantivo o preposición + que**

***Tanto** corre **que** llega siempre el primero.*
***Tanta** gente ha venido **que** no cabe en la sala.*

•**Verbo + tan + adjetivo, adverbio o participio + que**

*Es **tan** tacaño **que** no sale por no gastar.*
*Estamos **tan** lejos **que** casi nunca nos vemos.*
*No es **tan** tacaño **que** no salga por no gastar.*

•**Verbo + tanto... que**

*Hay **tanto** ruido **que** no se entiende nada.*

•**Verbo + tanto que**

*Sale **tanto que** nunca podemos dar con él.*

•**Verbo + tal que**

*Su fuerza era **tal, que** todos le temían.*

•**Verbo + tal+ sustantivo + que**

*Vi **tales** cosas **que** no supe qué hacer.*

Su fuerza era tal, que todos le temían.

3   HIPÓTESIS

● **Expresar una probabilidad**

● que se cree factible

A lo mejor voy pronto a París.
Quizá(s) / Tal vez / Posiblemente / Puede (ser)
que / Es posible que / Probablemente / Lo más
probable es que se hayan mudado.

● que se cree muy factible

(Estoy) seguro (de) que / Seguramente vendrán.

● que se cree difícilmente
factible

¡Igual se han ido sin esperarnos!
¡No es posible / No puede ser... que no me hayas oído!

● Tiempos y verbos que pueden expresar probabilidad

  •**Futuro** (probabilidad en el presente
  y en el pasado inmediato)

Tendrás hambre.
Habrán venido en coche.

  •**Condicional** (probabilidad en
  el pasado o en el futuro)

Serían las 8.
A esa velocidad no llegaríamos nunca.

  •**Deber de + infinitivo**

Debían de tener unos 50 años.

  •**Tener que**

Tenían que ser muchos, porque hacían
mucho ruido.

  •**Poder**

Podrías ir mejor vestida si quisieras.

● **Expresar una suposición**

● en general

Pongamos / Supongamos... que vuelva hoy.
Vamos a poner / suponer... que llame.

● completamente alejada
de la realidad

Imaginemos que estamos dando la vuelta al mundo.

Suponiendo que nos toque la lotería, ¿qué
haríamos con el dinero?

● suposición personal

Digo yo / Me figuro / Imagino... que debe de
estar a punto de llegar.

● rechazar una suposición

Aunque / Aun cuando me lo ordene, no lo haré.
De habérmelo ordenado, no lo hubiera hecho.

● **Expresar una impresión**

● manera personal de interpretar
una situación o sentimiento

Me parece / Creo / Yo diría... que van a perder.
Me da / Tengo... la impresión de que se burlan de ti.

*Me siento **como si** fuera un inútil.*

⬤ **Expresar un rumor**

● repetir lo que se oye sin haber
podido comprobar si es cierto

***Dicen que** este año será muy frío.*
***Al parecer,** van a cerrar ese bar.*
***Por lo visto / Parece (ser) que** ya no hay clase.*

⬤ **Expresar un deseo**

● de forma personal

***Espero que** haga buen tiempo.*
***Estoy deseando / Espero** verla.*

● de forma impersonal

*¡**Ojalá** venga! ¡A ver si viene!*
*¡**Quién** fuera él!*

⬤ **Expresar una condición**

Véase también Normas, cap. 24, Oraciones condicionales introducidas por si, págs. 131-133.

● **Nexos, modos y formas verbales que pueden expresar condición**

•**Si**

- condición realizada

Si viene, me avisa.

- condición realizable

Si puede, escribirá.
Quiero dos entradas si es posible / si puede
ser / a ser posible... de pasillo.

- condición posible en el futuro

*Si tuviera tiempo, **comería** en casa.*

- condición irrealizable

*Si lo **hubiera sabido**, habría / hubiera venido.*

•**Con (tal de) que... /**
Siempre que / En caso de que /
A condición de que / Como /
Cuando / Mientras... + subjuntivo

Con (tal de) que me dejen, me conformo.

•**A menos que / Salvo que /**
A no ser que / Como no sea que
+ subjuntivo

*A menos que no **apruebe**, se irá de vacaciones.*

•**Por si (acaso) + indicativo**

*Deja abierto **por si** llama.*

•**Subjuntivo**
•**Gerundio**
•**Participio**

*Los que **lleven** entrada, que pasen.*
***Aprobando** esta asignatura termino la carrera.*
***Vista** con tranquilidad, es una ciudad bonita.*

- Imperativo + y + futuro
- Imperativo + o / si no / de lo contrario + futuro o futuro próximo
- Con (tal de) + infinitivo
- De + infinitivo
- Sin + infinitivo

Quédate con él y se alegrará.
¡Cállate, si no te van a echar!

Con decirlo no es bastante.
De gustarme la película, habría ido al cine.
Sin verlo yo, no me lo creo.

⦿ **Expresar una sugerencia**

¿Y si fuéramos a la discoteca?

Véase también Comunicación, cap. 4, Proponer y dar órdenes, pág. 222. Proponer, de manera informal, en forma interrogativa.

⦿ **Expresar un consejo**

Si fuera tú, no iba.
Yo que tú, no lo compraba.
Yo de ti, no se lo prestaba.

Yo en tu lugar, me quedaba.
Si estuviera en su lugar, aceptaría.

8 **S**ituar en el tiempo

1   SITUAR UNA ACCIÓN EN EL TIEMPO EN GENERAL

Situar preguntando	¿Cuándo?	¿*Cuándo* dan las notas? *Cuando* hayan corregido todos los exámenes.
Precisar el momento de la acción	Entonces	Estaba en la playa, *entonces* fue cuando me enteré.
	A	La comida es *a* las 2.

2   SITUAR UNA ACCIÓN EN EL PRESENTE

De forma general	Actualmente	*Actualmente* no existe ninguna solución.
En el momento presente	Ahora	*Ahora* no puedo ir.
En el día presente	Hoy	*Hoy* no trabajo.
Acción interrumpida en el presente con respecto al pasado	Ya no	*Ya no* trabaja aquí.
Precisar la fecha	Hoy es / Estamos a	*Hoy es* 15 de abril / *Estamos a* 15 de abril.
Precisar la hora	Es la. Son las	*Es la* una / *Son las* seis... *(en punto).*

3   SITUAR EN EL FUTURO

En un futuro próximo	En	Eso lo tienes listo *en* dos horas.
En un futuro más lejano	En	Aprenderán a hablar inglés *en* dos años.

4   SITUAR EN EL PASADO

En un pasado reciente	Hace... que	*Hace* un momento *que* se ha ido.
En un pasado más lejano	Hace... que	¡*Hace* un siglo *que* no nos vemos!

5   DEFINIR LA DURACIÓN DE UNA ACCIÓN

	Durante	Vivieron en Sevilla *durante* tres años.
	Del ... al	*Del* 1 *al* 15 estuvimos en Santander.

6   DEFINIR LA FRECUENCIA DE UNA ACCIÓN

	Cada	*Cada* quince días voy al teatro.

7   DEFINIR LA ANTERIORIDAD DE UNA ACCIÓN

Antes de   *Antes de comer tienes que lavarte las manos.*

8   DEFINIR LA SIMULTANEIDAD DE UNA ACCIÓN

Al + infinitivo   *Al llegar, no le conocía.*

9   DEFINIR LA POSTERIORIDAD DE UNA ACCIÓN

Después de   *Se marchó después de haber pronunciado el discurso.*

10   SITUAR ACCIONES SUCESIVAS

En primer lugar, ...   *En primer lugar, voy a presentarme.*

8 Situar en el tiempo

Véase también Normas, cap. 32, La conjunción, pág. 174 y cap. 35 , Oraciones subordinadas adverbiales y circunstanciales de tiempo, pág. 194.

1 SITUAR UNA ACCIÓN EN EL TIEMPO EN GENERAL

⬤ **Situar preguntando**
*¿**Cuándo** dan las notas? **Cuando** hayan corregido todos los exámenes.*
*¿**Desde cuándo** lo sabes? **Desde que** me lo dijo Alberto.*
*¿**Para cuándo** estará listo? **Para** el jueves.*

⬤ **Precisar el momento de la acción**
*Estaba en la playa, **entonces** fue cuando me enteré.*
*La comida es **a** las 2.*

2 SITUAR UNA ACCIÓN EN EL PRESENTE

⬤ **De forma general**

***Actualmente / En la actualidad / En el momento actual**, no existe ninguna solución.*
***Hoy (en) día / Hoy por hoy / En nuestros días / En nuestra época / En nuestro tiempo / En el presente** se vive muy apresuradamente.*
***Por ahora / De momento**, no lo tengo claro.*

⬤ **En el momento presente**

***Ahora / Ahora mismo / En este momento** no puedo ir.*
*¿Vienes **ya**? **Ya** voy / **Todavía no** / **Aún no**.*
*Voy **ahora mismo** / **inmediatamente** / **en seguida**.*

⬤ **En el día presente**

***Hoy** no trabajo.*
***Por hoy**, hemos terminado.*
***Esta mañana** / **tarde** / **noche** tengo mucho trabajo.*
*Llegan **por la tarde** / **por la mañana** / **por la noche**.*
*¿Qué vamos a comer **a mediodía**?*
*Nos levantamos **de noche** / **a medianoche** / **de día** / **al amanecer**.*

*Nos acostamos **al anochecer** / **al oscurecer** / **al atardecer**.*
*Nos veremos **a la noche**.*

⬤ **Acción interrumpida en el presente con respecto al pasado**

***Ya no** trabaja aquí.   ***Ha dejado de** estudiar.*

● Precisar la fecha

Hoy es 15 *de abril /* **Estamos a** 15 *de abril.*
Hoy es el 30 *de junio de* 1994 */* **Estamos a** 30 *de junio.*
Hoy es (*el día*) 3 */* **Estamos a** 3.
Hoy es sábado 11 */* **Estamos a** sábado 11.
Es el mes de octubre, es otoño / **Estamos en** primavera / 1994 / (*el mes de*) agosto.
Estamos a mediados / a principios / a finales... de mes.

Por escrito: <u>Valencia, 15 **de** diciembre **de** 1995</u>.

● Precisar la hora

Es la una / **Son las** seis **(en punto)**.
El médico viene **a las** cuatro y media. *Siempre* **es muy puntual**.
Tengo clase de inglés **de / desde... las** nueve **a / hasta... las** diez.
El tren sale **sobre / hacia / a eso de / aproximadamente a / alrededor de / más o menos
a...** las dos.

Ya **han dado las** *once.*
El avión **lleva / tiene** *un cuarto de hora* **de retraso** */ 5 minutos* **de adelanto.**
Llegas **tarde / con retraso / retrasado /**
temprano / pronto / con adelanto / con antelación / adelantado.

 ## SITUAR EN EL FUTURO

● En un futuro próximo

Eso lo tienes listo <u>**en** dos horas</u> / <u>**en** un minuto.</u>
Mañana / Pasado mañana *viene mi padre.*
Mañana por la mañana / por la tarde / por la noche / al mediodía *te llamo.*
Abren **el lunes / la semana / el mes / el trimestre / el año... que viene / próximo.**
Dentro de <u>tres semanas</u> *seremos padres.*
Lo dejan todo para **el día siguiente.**
La película... **está a punto de** *empezar /* empezará **de un momento a otro / va a** *empezar.*
El cartero está **al** *llegar.*
Enseguida *vienen /* vendrán. *Llegarán* **(muy) pronto.**
¡Hasta **ahora***!*
Lo sabremos **ahora mismo / en breve.**

Quiero que lo haga **en el acto. Acto seguido**, *se puso a redactar el informe.*
Escuche y **luego / después** *pregunte.*

● En un futuro más lejano

Aprenderán a hablar inglés <u>**en** dos años.</u>
Al cabo de / A los... <u>dos años</u> *ya sabrán hablar francés.*
De aquí a <u>cuatro años</u> */* **en** <u>cuatro años</u> */* **dentro de** <u>cuatro años</u>, *habré terminado la carrera.*
Algunos meses después / más tarde *todos se habían ido.*

● **En un pasado reciente**

Hace un momento / minuto / instante / rato... que se ha ido. *Acaba de* irse.
Fui a verlo la semana / el sábado / el mes / el trimestre / el año... pasado/a.
Ayer / Anteayer me compré este libro.
Ayer por la mañana / por la tarde / por la noche / al mediodía estuve en tu casa.
Anoche / Anteanoche volvimos tarde.
Ahora mismo me lo han dicho.
Hasta ahora, nunca había estado aquí.

● **En un pasado más lejano**

¡Hace un siglo / muchísimo tiempo / una eternidad... que no nos vemos!
En aquellos tiempos / En aquella época / Antiguamente / Antaño, eso no se había inventado.
Antes era profesor.
Aquel día fue muy hermoso.

La víspera de Reyes la pasamos con ellos.
Entonces / En aquel momento no nos conocíamos.

---

5 DEFINIR LA DURACIÓN DE UNA ACCIÓN

● **En general**

*Vivieron en Sevilla **durante** tres años.*
***Del / Desde el** 1... **al / hasta el** 15 estuvimos en Santander.*
***En el transcurso de / A lo largo de** su estancia, harán muchas excursiones.*
*La película **dura** tres horas / **La duración** de la película **es de** tres horas.*

***Se pasa** las mañanas leyendo periódicos.*
***Tardó** 12 horas en llegar.*

● **Duración breve**

*Lo hizo **en un momento / en un segundo / en un instante / en un periquete / en un santiamén / en un abrir y cerrar de ojos**.*

● **Precisando la duración con respecto al momento presente**

•Estar + gerundio	*Está ya un buen rato esperando que suene el teléfono.*
•Estar + participio	*Están mucho tiempo parados ahí.*
•Llevar + gerundio	*Lleva dos semanas durmiendo muy poco.*
•Llevar + participio	*Llevo tres días muy preocupado por el trabajo.*
•Llevar sin + infinitivo	*Llevan un mes sin ver a sus hijos.*

•Seguir + gerundio   *Sigue hablando* por teléfono.
•Seguir sin + infinitivo   *Siguen sin hablarnos.*

Hace un año que / *Desde hace* un año... no tengo trabajo.

Todavía / Aún no han salido.
No han llegado *todavía /aún.*
No **ha dejado de** llover en todo el día.

 Precisando el momento inicial de la acción

El comienzo de las clases *es el* 20 de noviembre.
No ha venido a clase **desde el** viernes pasado*.*
No me ha escrito **desde que** *se fue.*
A partir de aquel momento, todo fue diferente entre nosotros.
De hoy / ahora... en adelante, no trabajaremos más los sábados.

 Precisando el momento final de la acción

Estuvimos en el baile **hasta** <u>las 4 de la mañana</u>*.*
No nos iremos **hasta que** no venga.
Dejó a su novio **a los / al cabo de...** <u>dos</u> <u>meses</u> de salir con él.

 Precisando el momento inicial y final de la acción

De / Desde las <u>9</u> *a / hasta las* <u>12</u>, estoy siempre en la Facultad.
Del / Desde el <u>1</u> *al / hasta el* <u>15</u> *de* <u>abril</u>, estaré en Roma.
Nos quedamos en Vigo **del / desde el** lunes **al/ hasta el** sábado.
Lo hice **entre** <u>mayo</u> **y** <u>junio</u>*.*
De aquí a <u>15</u> <u>días</u>, habrá terminado el curso.
Tiene de plazo **de** <u>hoy</u> **a** <u>mañana</u>*.*

---

6   **DEFINIR LA FRECUENCIA DE UNA ACCIÓN**

 En general

Cada <u>quince</u> <u>días</u> voy al teatro.
Sale **una vez al día / al año / al mes / a la semana...**
Tenemos una reunión **semanal / mensual / anual / trimestral...**

 Acción muy frecuente

Siempre / En general / Por lo general / Generalmente / Frecuentemente / Con frecuencia llega tarde.
Casi siempre / Muchas veces / La mayoría de las veces / Las más de las veces / Muy a menudo va solo.
Cada vez que / Siempre que viene, dice lo mismo.

Suele / Acostumbra a / Tiene costumbre de correr antes de cenar.
A todas horas / Todo el (santo) día están comiendo caramelos.

No deja / para... de criticar.
Viaja **sin cesar.**
Hago deporte **todos** <u>los jueves</u> / <u>días</u> / <u>todas</u> <u>las</u> <u>semanas</u>...
Los <u>domingos</u> me levanto muy tarde.
Cada vez corre **más.**

 Acción poco o nada frecuente

Nunca / Jamás está conforme con nada.
Casi nunca es puntual.
Nos vemos **de vez en cuando / algunas veces / a veces / de tarde en tarde / rara vez / raras veces / pocas veces / en pocas ocasiones...**

Ha dejado de tocar la guitarra.   **Ya no** da clases de inglés.
Cada vez estudia **menos.**
Muy coloquial: *Viene* **de Pascuas a Ramos / de higos a brevas.**

 ## DEFINIR LA ANTERIORIDAD DE UNA ACCIÓN

Antes de comer, tienes que lavarte las manos.
He llegado **antes que** Vd.
Vámonos **antes de que** venga.

Estuvo despierto **hasta** la salida del sol.   Me pagarás **por adelantado.**
No me voy **hasta...** no saber / que no sepa... algo de él.   El tren ha llegado **con adelanto / con antelación.**

DEFINIR LA SIMULTANEIDAD DE UNA ACCIÓN

Llegó **al mismo tiempo que / a la vez que / cuando** empezábamos a comer.
Mientras coso, oigo la radio.
Al llegar, no le conocía.
Habla **gritando.**
Cada vez que llego a casa, me pongo las zapatillas.

A medida que / Conforme / Según vamos bajando, va haciendo más calor.

DEFINIR LA POSTERIORIDAD DE UNA ACCIÓN

Se marchó **después de / tras** haber pronunciado el discurso.
Desde que / Una vez que nos mudamos, vivimos muy bien.
Haz los deberes y **luego** irás a la piscina.
Te lo diré **cuando / tan pronto como / en cuanto / en el momento en que / apenas** lo sepa.

Tras los brindis, se acabó la reunión.
Ahora que ya lo había arreglado, lo vuelves a romper.
Nada más salir, nos encontramos con él.
Así que haya terminado este trabajo, me iré de vacaciones.
(Una vez) terminada la carrera, se puso a buscar trabajo.

10   SITUAR ACCIONES SUCESIVAS

En primer lugar / Primero / Ante todo / Para empezar, voy a presentarme.
En segundo lugar / Después, voy a explicar el tema de hoy.
En tercer lugar / Luego, veremos las diapositivas.
Seguidamente / Después / A continuación / Más adelante, expondré mis argumentos.
Finalmente / Por fin / Por último / En último lugar / Para terminar, me harán las preguntas que quieran.

9 Localización en el espacio

1 EN GENERAL

Localizar preguntando   ¿Dónde?   *¿**Dónde** pongo esto? **Donde** tú quieras.*

2 CON RELACIÓN AL INTERLOCUTOR

Mayor o menor proximidad   Aquí, Ahí, Allí / Allá   ***Aquí** tengo las entradas.*

3 INDICANDO LA POSICIÓN

Posición superior *Pedro vive **arriba**.*	Arriba	/ Abajo	**Posición inferior** *Hay ruido en el piso de **abajo**.*
Posición delantera *Juan va siempre **delante**.*	Delante	/ Detrás	**Posición trasera** *No te pongas **detrás**.*
Posición exterior *Deja las sillas **fuera**.*	Fuera	/ Dentro	**Posición interior** *Si llueve, nos iremos **dentro**.*
Posición central		En el centro	*Madrid está **en el centro** de España.*
Posición intermedia		Entre	*El colegio está **entre** el cine y la iglesia.*
Posición frontal *La Facultad está ahí **enfrente**.*	Enfrente	/ De espaldas	**Posición contraria** *No me ve, está **de espaldas**.*
Posición lateral		A la derecha, a la izquierda	*Inés está **a la derecha** de Paco.*
Posición circundante		Alrededor	*Han sembrado flores **alrededor** del patio.*
Posición separada		Aparte	*Tus discos los dejo **aparte**.*
Posición indefinida		En algún sitio	*Eso ya lo he visto yo **en algún sitio**.*
Posición conjunta		Junto con	*Pon esos libros **junto con** los demás.*

4 INDICANDO LA DISTANCIA

Proximidad *Vive muy **cerca**.*	Cerca	/ Lejos	**Lejanía** *Con este coche no se puede ir **lejos**.*

5 INDICANDO LA DIRECCIÓN DEL MOVIMIENTO

Acercamiento   **A , hacia /**   **De**   **Alejamiento**
*¿Voy yo **a** tu casa o vienes*   *Salió **del** cine a las doce.*
*tú **a** la mía?*

Recorrido   **Por**   *Voy a dar un paseo **por** la ciudad.*

6 INDICANDO LA UBICACIÓN DE ALGO O ALGUIEN

                                    Estar en   *La regadera **está en** el jardín.*

7 INDICANDO MODO DE DESPLAZAMIENTO

                                    Ir en / a   *Fue a Italia **en coche**.*
                                                          *Siempre **va a pie** al trabajo .*

9 Localización en el espacio

1 EN GENERAL

● **Localizar preguntando**　　　　　**¿Dónde?**

¿Dónde pongo esto? Donde tú quieras.

2 CON RELACIÓN AL INTERLOCUTOR

● **Mayor proximidad del hablante**

Aquí tengo las entradas.
Ven acá, por favor.

● **Menor proximidad**

Ahí vives tú.

● **Lejanía**

*Allí / allá están construyendo nuevas
viviendas.*

3 INDICANDO LA POSICIÓN

● **Posición superior**

Pedro vive arriba.
Van por encima del agua.
La ventana da sobre la plaza.

Santander está en el norte / al norte de España.
Debe de estar en la parte de arriba.

● **Posición delantera / anterior**

Juan va siempre delante.
Nos sentamos delante de ellos.
Pararemos más adelante.

Guárdanos sitio por (la parte de) delante.
Estaban todos ante mí / antes que yo.
La cabina está antes del bar.

● **Posición exterior**

Deja las sillas fuera / afuera.
No quiero verte fuera de casa.

Quisiera una habitación exterior.
No me gustaría vivir en las afueras de la ciudad.

● **Posición inferior**

Hay ruido en el piso de abajo.
El plato está debajo de la taza.
La sábana está bajo la manta.

Cádiz está en el sur / al sur de España.
El agua entra por la parte de abajo.

● **Posición trasera / posterior**

No te pongas detrás.
Yo voy detrás de Vd.
Se han quedado atrás.

Se ha caído la pelota por detrás del armario.
La policía va tras él.
El gimnasio está después del / pasado el parque.

● **Posición interior**

Si llueve, nos iremos dentro / adentro.
El papel está dentro del / en el cajón.

El interior de la casa es muy bonito.

● Posición central

Madrid está **en el centro de** España.
De esos tres, el de **enmedio** no me gusta.

Llegamos sólo a **la mitad de**l camino.
Es un sitio **(muy) céntrico.**

● Posición intermedia

El colegio está **entre** el cine y la iglesia.
¡Siempre te pones **en medio de** todos!

● Posición frontal

La Facultad está ahí **enfrente.**
Verá Vd. un buzón justo **enfrente de**l bar.
Tienen un piso **frente a**l mar.

El banco está **de cara a / mirando a** la plaza.

● Posición contraria

No me ve, está **de espaldas.**
El mueble está **contra** la pared.

● Posición lateral

Inés está **a la derecha** de Rafael.
A tu (mano) derecha, tienes al director.
Coja **a la izquierda / a mano izquierda.**

Juan va **al lado de / junto a** Ana.
El cine está **pegado a / justo al lado de** la escuela.
Italia está **al este de** España. Murcia está **en el este** de España.
Vienen vientos **del oeste.** Lisboa está **en el oeste.**

● Posición circundante

Han sembrado flores **alrededor de**l patio.

Los niños corrían **en torno a** la casa.

● Posición separada

Tus discos los dejo **aparte.**

Pon mis cosas **en otro lado / en otra parte.**

● Posición indefinida

*Eso ya lo he visto yo **en algún sitio / en alguna parte**.*
*Estoy harta de verle: ¡me sale **por todas partes**!*
*Eso lo podrás encontrar **en cualquier parte / sitio / lugar**.*

*Busca **por ahí** a ver si lo encuentras.*
*Estará **donde menos te lo esperes**.*

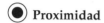 **Posición conjunta**

*Pon esos libros **junto... con / a** los demás.*

---

 4   **INDICANDO LA DISTANCIA**

 Proximidad

 Lejanía

*Vive **(muy) cerca**.*
*Estamos **cerca del** mar.*
*Su trabajo le pilla **cerquísima**.*
*Es un edificio **cercano al** Ayuntamiento.*
*¡Paciencia, que ya **se acercan**!*
*Ponte **lo más cerca posible**.*

*Allí **enfrente** tiene Vd. una.*
***Ahí (mismo)** tienes una parada.*
*¿Hay alguna cabina **por aquí (cerca)**?*
*Su casa está **junto a / al lado de / pegada a...** la mía.*
*La estación está **a un paso de** aquí.*
*Los taxis están **a la vuelta de la esquina**.*
*Viven **en los alrededores de** la capital.*

*Con este coche no se puede ir **(muy) lejos**.*
*América está **lejos de** España.*
*Eso queda **lejísimos de** aquí.*
*No he ido a ningún país **lejano**.*
*Nos hemos **alejado** mucho **del** mar.*
*Ponte **lo más lejos posible**.*

*Les llevaron hasta **allá lejos**.*
*Está **en la otra punta** de la ciudad.*
*Eso queda **en el quinto pino**.*
*Se acuesta **en el otro extremo** de la cama.*
*Vive lejos, **en las afueras**.*

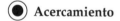 **5**   **INDICANDO LA DIRECCIÓN DEL MOVIMIENTO**

 **Acercamiento**

Alejamiento

*¿Voy yo **a** tu casa o vienes tú **a** la mía?*
*Vino corriendo **hacia** mí.*

*Salió **del** cine a las doce.*
*Vino corriendo **desde** la puerta.*

Recorrido

*Voy a dar un paseo **por** la ciudad.*
*Pasamos **a través de** muchos pueblos.*
*En un día fue **de / desde** Vigo **a / hasta** Sevilla.*
*Hay árboles **a lo largo del** camino.*

---

 6   **INDICANDO LA UBICACIÓN DE ALGO O ALGUIEN**

*La regadera **está en** el jardín.*

INDICANDO MODO DE DESPLAZAMIENTO

⦿ **Desplazarse por tierra**

● **Andar**: *ir andando / ir a pie.*

● **Conducir**: *ir en coche / ir en moto...*

● **Pasear**: *pasearse por / andar por.*

● **Practicar deportes**: *montar en bicicleta / montar a caballo.*

● **Viajar**: *ir en tren / ir en autobús / ir en metro...*

⦿ **Desplazarse por mar**

● **Navegar**: *ir en barco.*

⦿ **Desplazarse por aire**

● **Volar**: *ir en avión.*

10 Expresión de la cantidad

1 EVALUAR LA CANTIDAD

Gran cantidad	Mucho	Tienen **muchos** hijos.
Cantidad insuficiente	Poco	Recibe **pocas** cartas.
Cantidad considerable	Bastante	Hoy ha comido **bastante**.
Cantidad excesiva	Demasiado	Hablas **demasiado**.
Cantidad total	Todo	Se lo he contado **todo**.
Cantidad exacta	Justo	Cuesta un millón **justo**.
Cantidad fragmentada	Medio	Coge **media** docena de huevos.
Cantidad media	Regular de	Hay **regular de** gente.
Cantidad nula	Nada	No hay **nada** interesante.
Cantidad aproximada	Alrededor de	Serían **alrededor de** 40.
Cantidad indeterminada	Algo	¿Hay **algo** para comer?
Cantidad añadida	Más	Echa **más** harina.
Cantidad restringida	Menos	Come **menos** pan.

2 COMPARAR LA CANTIDAD

Cantidad superior	Más ... que	Salen **más que** nosotros.
Cantidad inferior	Menos ... que	Salen **menos que** nosotros.
Igual cantidad	Tan(to) ... como	Viajan **tanto como** antes.

3 PREGUNTAR SOBRE LA CANTIDAD

	¿Cuánto...?	¿**Cuántas** manzanas quiere?

4 EXCLAMAR SOBRE LA CANTIDAD

	¡Cuánto...!	¡**Cuánto** dura esta película!

Expresión de la cantidad

EVALUAR LA CANTIDAD

● Gran cantidad

● En general

*Tienen **muchos** hijos.*
*Viaja **mucho**.*
*Hay **muchísima** gente por la calle.*
*¿Y para qué **tanto** dinero?*
*¡Tengo **tantísimo** que estudiar!*
*¡Son **tan** caros...!*
*Esa moto es **muy** / **sumamente** / **enormemente** cara.*
*Es gracios**ísimo** / **super**gracioso.*

Ha cometido **innumerables** errores.
Nunca me habían dicho **tamaño** insulto.

● Lenguaje familiar

*Se gasta **un montón de** (= mucho) dinero en ropa.*
*Hay **un mogollón de** (= mucha) gente en el cine.*
*Es **un rato** (= muy) listo.*
*En París hay **cantidad de** (= muchos) extranjeros.*
*Esto está **cantidad de** (= muy) bueno.*
*¡Hay **una de** (= una gran cantidad de) turistas...!*
*¿Cómo puedes aburrirte **con la de** (= con la cantidad de) juguetes que tienes?*
*Se pusieron **la mar de** (= muy) contentos.*
*Está **todo** contento.*

● Poca cantidad

● En general

*Recibe **pocas** cartas.*
*Ha estudiado (**muy**) **poco**.*
*Hubo **poquísimos** espectadores.*
*No tendrás bastante con **tan poco** dinero.*
*No hay **bastante** sitio.*
*¿Quieres **un poco de** agua?*
*Me queda **algo de** pan.*
*Tengo **unos pocos** ahorros.*
*Es **un tanto** / **algo** / **un poco** / **un poquito** tímido.*
*Los esfuerzos son **insuficientes**.*
*No ha venido **casi nadie** a verme.*

*No hemos hecho **casi nada** en clase.*
***Apenas** hay comida para tres.*
*Ganará 100.000 pts. **escasas**.*
*No tiene **más que** un hermano.*
***Sólo** tiene un hermano.*
*Se conforma con **poca cosa**.*

● Lenguaje familiar

*Con eso no hay **ni para empezar**.*
*Es / Está **un pelín** (= un poco) creído.*

◉ Cantidad considerable

*Hoy ha comido **bastante / lo suficiente**.*
*Han ido **bastantes / suficientes** niños.*

Un buen número de personas / La mayoría de la gente *se queda en casa los domingos.*

◉ Cantidad excesiva

*Hablas **demasiado**.*
*En esta clase hay **demasiados** alumnos.*

*Aquí hay gente **de más / de sobra**.*
*Tengo **sobrados** problemas con los míos.*
*Hay sitio **para dar y tomar**. (familiar)*

◉ Cantidad total

*Se lo he contado **todo**.*
***Todas** las tiendas están cerradas.*
*Pídeme **cuanto / todo cuanto / todo lo que** necesites.*
*Esas obras están **totalmente** abandonadas.*

*La casa está **toda** sucia.*
*Llévate ese bolso y **los demás**.*
*Confesó lo de su novia y **(todo) lo demás**.*
***Ambos** contrayentes se besaron felices.*

◉ Cantidad exacta

*Cuesta un millón **justo / exactamente**.*

◉ Cantidad fragmentada

*Coge **media** docena de huevos.*
*Quiero **la mitad de**l pastel.*
*Haz tú **una parte de**l trabajo.*
*Párteme **un trozo / un pedazo / una porción**... de queso.*
*Póngame **un cuarto (de kilo) de** almendras.*

◉ Cantidad media

*Hay **regular de** gente.*

*La sala está **medio** llena.*
*El coche está **a medio** pagar.*

*Estamos **a medio camino** entre el mar y la montaña.*
*Lo hace todo **a medias**.*

● Cantidad nula

● En general

*No hay **nada** interesante.*
*No es **nada (de)** simpático.*
*No sabía **nada de nada**.*

***Nadie / ninguno** ha preguntado por ti.*
*No tengo **ninguna** revista de decoración.*
***No** han dejado recado **alguno**.*

● Lenguaje familiar

*No había **ni un alma** (= nadie) en la oficina.*
*No se oye **ni una mosca** (= nada).*
*No me dijo **ni media** (= nada).*
*No hace **ni (una) pizca de** (= nada de) frío.*
*No se corta **un pelo** (= nada).*

● Cantidad aproximada

*Serían **alrededor de / como / aproximadamente / cosa de** 40.*
*Tendrá **unos / sobre los** 30 años.*
*Vendrán **casi / cerca de** 100.*
*Eso cuesta un millón de pesetas, **(poco) más o menos**.*
*Ganará **como mínimo / por lo menos / al menos** 300.000 pts.*
*Allí habría **como mucho / como máximo / todo lo más / a lo sumo** 5.000 habitantes.*

*Hay **algo más / menos... de** 200 kilómetros.*
*Hay **un poco más / menos... de** 200 kilómetros.*
*Serán **de** 30 **a** 40 personas.*
*Serán **entre** 30 **y** 40 personas.*
*Ahí cabrán 300 **largos / y pico**.*
*Tendrá treinta **y tantos** sellos extranjeros.*

● Cantidad indeterminada

*¿Hay **algo** para comer?*
*Tengo **algunas / unas cuantas / unas** fotos del viaje.*
*He visto **alguna** película inglesa.*
*He oído **algún que otro** comentario.*
*Tenemos **diversos** modelos.*
*Tengo **varios** amigos.*

● Cantidad añadida

*Echa (algo) **más** / **un poco más...** de harina.*
*Déme **otro** bocadillo, por favor.*
***Además de** mis tíos, vienen mis primos.*

● Cantidad restringida

*Come **menos** pan.*
*Les gusta todo **excepto** / **salvo** / **menos** el deporte.*

---

2   COMPARAR LA CANTIDAD

● Cantidad superior

*Hacen **más** ruido **que** ayer.*
*Es **más** difícil **de lo que** parece.*
*El número de parados es **mayor** / **más alto** / **más elevado...** **que** el del año pasado.*
*El número de parados es **superior al** del año pasado.*
***Lo que más** lee son novelas.*

● Cantidad inferior

*Salen **menos que** nosotros.*
*Son **menos** buenos **de lo que** te crees.*
*Mi sueldo es **menor** / **más bajo** / **más reducido...** **que** el tuyo.*
*Mi sueldo es **inferior al** tuyo.*
***Lo que menos** aguantan es el calor.*

● Igual cantidad

*Viajan **tanto como** antes.*
*Es **tan** listo **como** su padre.*
*Hay **tantas** butacas **como** espectadores.*
*Tiene **los mismos** años **que** yo.*
*Su vestido es **igual que** el mío.*

*Es **igual de** / **lo mismo de** alto que Miguel.*
*Éste es **semejante al** anterior.*

---

3   PREGUNTAR SOBRE LA CANTIDAD

*¿**Cuántas** manzanas quiere?*
*¿**Cuánto** es? / ¿**Qué** le debo?*
*¿**A cuánto** estamos de Sevilla?*
*¿**Qué** distancia hay de aquí a Huelva?*

Véase también Comunicación, cap. 2, Pedir información, pág. 215.

4 EXCLAMAR SOBRE LA CANTIDAD

(Hay que ver) ¡***Cuánto / Lo que*** *dura esta película...!*
¡***Cuántos*** *motoristas hay por aquí!*
¡***Qué (cantidad) de*** *libros!*

GRAMÁTICA
Capítulos **Recursos Comunicación**

Referencias
Ejercicios comunicativos

	NIVEL 1 págs.	NIVEL 2 págs.	NIVEL 3 págs.
1. Usos sociales de la lengua.	81-82	91-92	95-96
2. Pedir información.	83-84	93-94	97-99
3. Expresar gustos y opiniones.	85-86	95-97	100-102
4. Proponer y dar órdenes.	87-88	98-100	103-105
5. Expresión del futuro.	89-90	101-103	106-107
6. El estilo indirecto.	91-93	104-106	108-110
7. Expresar causa, consecuencia e hipótesis.	94-96	107-109	111-113
8. Situar en tiempo.	97-99	110-112	114-115
9. Localización en el espacio.	100-101	113-115	116-118
10. Expresión de la cantidad.	102-104	116-118	119-120

Ejercicios Curso Práctico

11

Lenguaje coloquial y familiar

El a b...z de la comunicación

Expresiones de enlace y frases hechas de uso corriente

Las expresiones en *cursiva* son poco formales o muy familiares y si van en "bocadillo" gris son vulgares y malsonantes.

1. Usos sociales y acciones

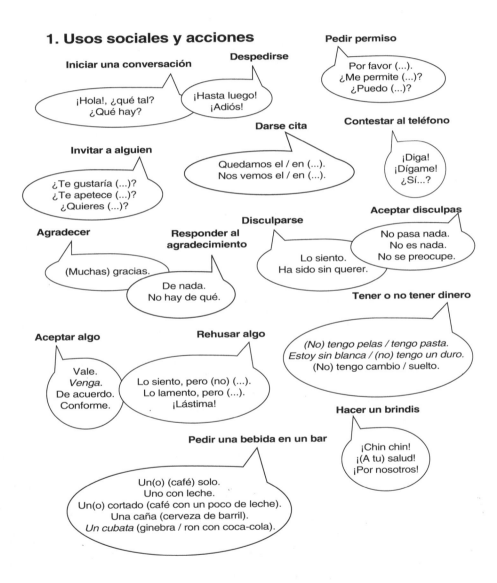

Iniciar una conversación
¡Hola!, ¿qué tal?
¿Qué hay?

Despedirse
¡Hasta luego!
¡Adiós!

Pedir permiso
Por favor (...).
¿Me permite (...)?
¿Puedo (...)?

Invitar a alguien
¿Te gustaría (...)?
¿Te apetece (...)?
¿Quieres (...)?

Darse cita
Quedamos el / en (...).
Nos vemos el / en (...).

Contestar al teléfono
¡Diga!
¡Dígame!
¿Sí...?

Agradecer
(Muchas) gracias.

Responder al agradecimiento
De nada.
No hay de qué.

Disculparse
Lo siento.
Ha sido sin querer.

Aceptar disculpas
No pasa nada.
No es nada.
No se preocupe.

Aceptar algo
Vale.
Venga.
De acuerdo.
Conforme.

Rehusar algo
Lo siento, pero (no) (...).
Lo lamento, pero (...).
¡Lástima!

Tener o no tener dinero
(No) tengo pelas / tengo pasta.
Estoy sin blanca / (no) tengo un duro.
(No) tengo cambio / suelto.

Hacer un brindis
¡Chin chin!
¡(A tu) salud!
¡Por nosotros!

Pedir una bebida en un bar
Un(o) (café) solo.
Uno con leche.
Un(o) cortado (café con un poco de leche).
Una caña (cerveza de barril).
Un cubata (ginebra / ron con coca-cola).

2. Sentimientos y gustos

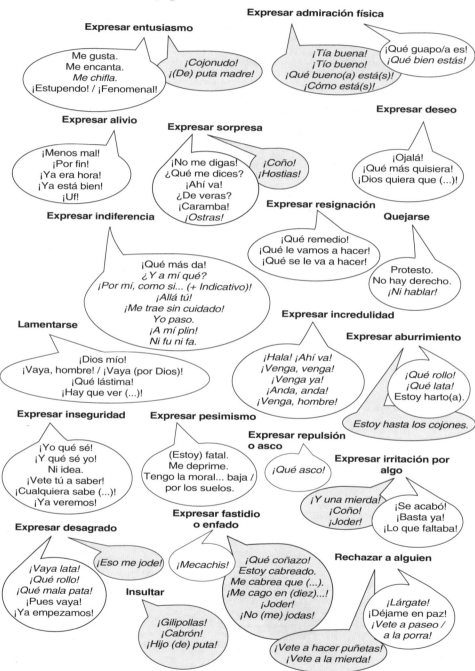

Expresar admiración física

¡Tía buena!
¡Tío bueno!
¡Qué bueno(a) está(s)!
¡Cómo está(s)!

¡Qué guapo/a es!
¡Qué bien estás!

Expresar entusiasmo

Me gusta.
Me encanta.
Me chifla.
¡Estupendo! / ¡Fenomenal!

¡Cojonudo!
¡(De) puta madre!

Expresar alivio

¡Menos mal!
¡Por fin!
¡Ya era hora!
¡Ya está bien!
¡Uf!

Expresar sorpresa

¡No me digas!
¿Qué me dices?
¡Ahí va!
¿De veras?
¡Caramba!
¡Ostras!

¡Coño!
¡Hostias!

Expresar deseo

¡Ojalá!
¡Qué más quisiera!
¡Dios quiera que (...)!

Expresar resignación

¡Qué remedio!
¡Qué le vamos a hacer!
¡Qué se le va a hacer!

Quejarse

Protesto.
No hay derecho.
¡Ni hablar!

Expresar indiferencia

¡Qué más da!
¿Y a mí qué?
¡Por mí, como si... (+ Indicativo)!
¡Allá tú!
¡Me trae sin cuidado!
Yo paso.
¡A mí plin!
Ni fu ni fa.

Lamentarse

¡Dios mío!
¡Vaya, hombre! / ¡Vaya (por Dios)!
¡Qué lástima!
¡Hay que ver (...)!

Expresar incredulidad

¡Hala! ¡Ahí va!
¡Venga, venga!
¡Venga ya!
¡Anda, anda!
¡Venga, hombre!

Expresar aburrimiento

¡Qué rollo!
¡Qué lata!
Estoy harto(a).

Estoy hasta los cojones.

Expresar inseguridad

¡Yo qué sé!
¡Y qué sé yo!
Ni idea.
¡Vete tú a saber!
¡Cualquiera sabe (...)!
¡Ya veremos!

Expresar pesimismo

(Estoy) fatal.
Me deprime.
Tengo la moral... baja /
por los suelos.

Expresar repulsión o asco

¡Qué asco!

Expresar irritación por algo

¡Y una mierda!
¡Coño!
¡Joder!

¡Se acabó!
¡Basta ya!
¡Lo que faltaba!

Expresar fastidio o enfado

¡Eso me jode!

¡Mecachis!

¡Qué coñazo!
Estoy cabreado.
Me cabrea que (...).
¡Me cago en (diez)...!
¡Joder!
¡No (me) jodas!

Expresar desagrado

¡Vaya lata!
¡Qué rollo!
¡Qué mala pata!
¡Pues vaya!
¡Ya empezamos!

Insultar

¡Gilipollas!
¡Cabrón!
¡Hijo (de) puta!

Rechazar a alguien

¡Lárgate!
¡Déjame en paz!
¡Vete a paseo /
a la porra!

¡Vete a hacer puñetas!
¡Vete a la mierda!

3. Comunicar

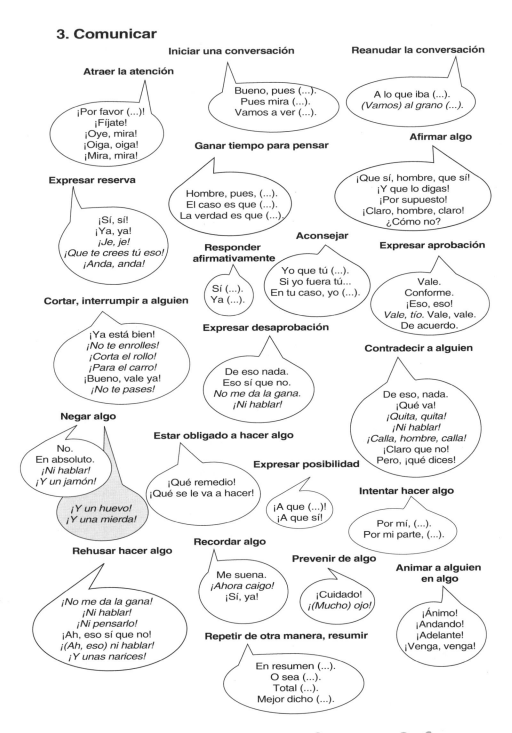

Atraer la atención

¡Por favor (...)!
¡Fíjate!
¡Oye, mira!
¡Oiga, oiga!
¡Mira, mira!

Iniciar una conversación

Bueno, pues (...).
Pues mira (...).
Vamos a ver (...).

Reanudar la conversación

A lo que iba (...).
(Vamos) al grano (...).

Expresar reserva

¡Sí, sí!
¡Ya, ya!
¡Je, je!
¡Que te crees tú eso!
¡Anda, anda!

Ganar tiempo para pensar

Hombre, pues, (...).
El caso es que (...).
La verdad es que (...).

Afirmar algo

¡Que sí, hombre, que sí!
¡Y que lo digas!
¡Por supuesto!
¡Claro, hombre, claro!
¿Cómo no?

Responder afirmativamente

Sí (...).
Ya (...).

Aconsejar

Yo que tú (...).
Si yo fuera tú...
En tu caso, yo (...).

Expresar aprobación

Vale.
Conforme.
¡Eso, eso!
Vale, tío. Vale, vale.
De acuerdo.

Cortar, interrumpir a alguien

¡Ya está bien!
¡No te enrolles!
¡Corta el rollo!
¡Para el carro!
¡Bueno, vale ya!
¡No te pases!

Expresar desaprobación

De eso nada.
Eso sí que no.
No me da la gana.
¡Ni hablar!

Contradecir a alguien

De eso, nada.
¡Qué va!
¡Quita, quita!
¡Ni hablar!
¡Calla, hombre, calla!
¡Claro que no!
Pero, ¡qué dices!

Negar algo

No.
En absoluto.
¡Ni hablar!
¡Y un jamón!

¡Y un huevo!
¡Y una mierda!

Estar obligado a hacer algo

¡Qué remedio!
¡Qué se le va a hacer!

Expresar posibilidad

¡A que (...)!
¡A que sí!

Intentar hacer algo

Por mí, (...).
Por mi parte, (...).

Rehusar hacer algo

¡No me da la gana!
¡Ni hablar!
¡Ni pensarlo!
¡Ah, eso sí que no!
¡(Ah, eso) ni hablar!
¡Y unas narices!

Recordar algo

Me suena.
¡Ahora caigo!
¡Sí, ya!

Prevenir de algo

¡Cuidado!
¡(Mucho) ojo!

Animar a alguien en algo

¡Ánimo!
¡Andando!
¡Adelante!
¡Venga, venga!

Repetir de otra manera, resumir

En resumen (...).
O sea (...).
Total (...).
Mejor dicho (...).